Barbara Hanauer

Materialien und Kopiervorlagen
zur Klassenlektüre

Frauke Kässbohrer

„Bloß nicht weinen, Akbar!"

Ein 16-jähriger Afghane berichtet
von seiner Flucht nach Deutschland

Hase und Igel®

Inhalt

„Bloß nicht weinen, Akbar!“ – Das Buch im Unterricht ... 3

1. Kapitel: Kindheit in Afghanistan

Inhalt und Vorschläge zur Unterrichtsgestaltung ... 4
Kopiervorlagen: Wegweiser ... 8
Wer ist Akbar? ... 9
Das Land Afghanistan ... 10
Glücklich ohne Hightech? ... 11
Die Koranschule ... 12

2. bis 5. Kapitel: Flucht mit der Familie

Inhalt und Vorschläge zur Unterrichtsgestaltung ... 13
Kopiervorlagen: Alle sind weg! ... 18
Erwachsenensorgen ... 19
Großfamilie ... 20
Die Enthüllung ... 21
Vorurteile ... 22
Bloß nicht weinen, Akbar! ... 23
Mutig oder feige? ... 24

6. bis 9. Kapitel: Vom Iran nach Griechenland

Inhalt und Vorschläge zur Unterrichtsgestaltung ... 25
Kopiervorlagen: Schleuser ... 28
Flucht mit Reza ... 29
Zauberworte ... 30

10. bis 15. Kapitel: Allein durch Europa

Inhalt und Vorschläge zur Unterrichtsgestaltung ... 31
Kopiervorlagen: Mut oder Wahnsinn? ... 36
Ein blinder Passagier ... 37
Einzelkämpfer oder Teamplayer? ... 38
Fluchthilfen ... 39

16. Kapitel: Leben in Deutschland

Inhalt und Vorschläge zur Unterrichtsgestaltung ... 40
Kopiervorlagen: Deutsch ist eine schwere Sprache ... 43
Neu in der Schule ... 44
Erfolge und Enttäuschungen ... 45
Die Stimme der Autorin ... 46
Frauke Kässbohrer ... 47
Deine Meinung ist gefragt ... 48

Flucht als Thema unserer Zeit

Vorschläge zur Unterrichtsgestaltung ... 49
Kopiervorlagen: Kinder auf der Flucht ... 52
Zuflucht in der Fremde? ... 53
Die Kraft der Worte ... 54
Ein Thema – zwei Erzählweisen ... 55
Ein Projekt für Flüchtlinge ... 56

www.hase-und-igel.de
Lektorat: Mira Fischer, Anna Schultes
Satz: Appel Grafik München GmbH
Illustrationen: Johann Brandstetter
Druck: Joh. Walch GmbH & Co. KG, Augsburg

ISBN 978-3-86760-480-2
5. Auflage 2022

„Bloß nicht weinen, Akbar!" – Das Buch im Unterricht

Das Buch

In den Nachrichten und in der Zeitung stoßen wir immer wieder auf sie: die „Flüchtlingswelle", eine offenbar unaufhaltsame „Flut", die von Südosten über uns „hereinbricht". Gegen solche Angst auslösenden Bilder und Begriffe helfen am besten reale Begegnungen und die Wahrnehmung von Einzelschicksalen. Denn hinter jedem Flüchtling steht ein Mensch mit seiner individuellen, oft leidvollen Geschichte. Eine dieser Geschichten ist die von Akbar Husseini: Seiner Deutschlehrerin Frauke Kässbohrer schilderte der junge Afghane seine dramatische Flucht nach Deutschland. Schonungslos und authentisch führt uns Akbars Bericht hautnah die Situation zahlreicher Flüchtlinge vor Augen.

Als Klassenlektüre ist „Bloß nicht weinen, Akbar!" unbedingt zu empfehlen. Das Buch schafft Verständnis und bietet vielfältige Ansätze, um sich mit den aktuellen Migrationsbewegungen zu befassen. Die erste Begegnung mit der Lektüre sollte im Klassenverband stattfinden, damit Sie ein Gefühl dafür entwickeln, ob alle Schüler mit der Problematik umgehen können. Nach dem gemeinsamen Betrachten des Titelbildes und dem Lesen des Klappentextes können erste Gedanken zum Inhalt des Buches geäußert werden. Ein einführendes Unterrichtsgespräch hilft dabei, die jugendlichen Leser auf die Lektüre vorzubereiten. Ganz bestimmt wird der Bericht von Akbars Flucht und seiner gelungenen Integration dann auch Ihre Schüler fesseln. Zu Beginn jeder Stunde sollten Sie ihnen die Möglichkeit geben, sich über das Gelesene auszutauschen.

Das Material

Neben der Entwicklung von Lesefreude sind die vorrangigen Ziele des modernen Literaturunterrichts die Erweiterung der Lesekompetenz und die Sensibilisierung für das Zeitgeschehen. Das Begleitmaterial unterstützt Sie dabei, die zentralen Inhalte der Lektüre verständlich und altersgerecht aufzubereiten. Im Fokus steht der Themenkomplex „Flucht und Vertreibung", der auf absehbare Zeit sowohl die Berichterstattung der Medien als auch den Alltag vieler Menschen in unserer Umgebung entscheidend prägen wird. Wer sind die Menschen, die zu uns kommen? Was bringt sie dazu, ihre Heimat zu verlassen? Warum setzen sie dafür ihr Leben aufs Spiel? Am Beispiel von Akbar erhalten die Schüler wichtige Hintergrundinformationen, hinterfragen Vorurteile und beschäftigen sich mit einer bedeutenden Frage unserer Zeit: Wie ist es möglich, die ankommenden Menschen in unsere Gesellschaft zu integrieren? Darüber hinaus stehen Ihnen abwechslungsreiche Aufgaben zu Handlungsverlauf, Figurencharakterisierung und sprachlichen Aspekten des Buches zur Verfügung.

Das Material ist in sechs Abschnitte gegliedert, wobei sich die ersten fünf am chronologischen Handlungsverlauf der Lektüre orientieren. Die letzte Einheit bietet weiterführende Informationen über minderjährige Flüchtlinge, Asyl und die Berichterstattung der Medien. Außerdem finden Sie dort Anregungen, wie Sie sich mit Ihrer Klasse vor Ort für Flüchtlinge engagieren können.

Jeder Abschnitt beginnt mit einem Lehrerteil, der eine knappe Inhaltszusammenfassung der einzelnen Kapitel, didaktische Hinweise und Musterlösungen zu den Kopiervorlagen enthält. Die Arbeitsaufträge in den Bereichen „Gesprächs- und Schreibanlässe", „Recherche" sowie „Kreativ aktiv" bieten Möglichkeiten zur Vertiefung und Differenzierung. Vor allem ältere bzw. leistungsstärkere Schüler können sich mit diesen Aufgaben beschäftigen.

Signets am oberen Seitenrand verdeutlichen den thematischen Schwerpunkt jeder Kopiervorlage:

Zur Lektüre

Islamische Welt

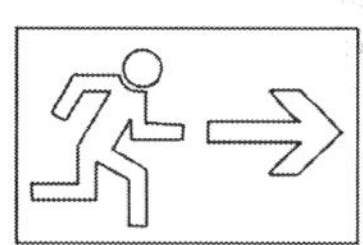
Flucht

Werte und Urteile

Sprache unter der Lupe

Viel Erfolg bei der Arbeit mit Buch und Material wünscht Ihnen und Ihrer Klasse

Barbara Hanauer

1. Kapitel: Kindheit in Afghanistan

Inhalt

(1) Akbar schildert im ersten Kapitel seine frühe Kindheit in der kleinen Stadt Gazny in Afghanistan. In seiner Darstellung ist es ein sorgloses, fröhliches Leben, geprägt von dem Zusammenhalt seiner Familie und der Familie seines Cousins Hussein. Er berichtet vom Besuch der Koranschule und der moralischen Kraft, die er durch die tägliche Gebetspraxis erhalten hat. Als er sieben Jahre alt ist, beschließen die Familien, aus Afghanistan zu fliehen. In der Nacht vor der Abreise bleibt er im Haus seines Onkels und seiner Tante. Am Ende des Kapitels erfährt der Leser, dass Akbar seine Eltern nie wiedersehen wird.

Unterrichtsschwerpunkte

- Dokumentation des Leseprozesses
- Charakterisierung / Lebensumstände von Akbar
- Akbars Herkunftsland Afghanistan
- Bedeutung von Technik im Alltag

Zu den Kopiervorlagen

Wegweiser

Dieses Arbeitsblatt wird lektürebegleitend eingesetzt. Zu Beginn als „Daueraufgabe" gestellt, erleichtert es auch die Erfüllung anderer Aufträge. Kopieren Sie die Vorlage vergrößert auf DIN A3. Die Bearbeitung kann als Hausaufgabe, Einzel-, Partner- oder Gruppenarbeit erfolgen. Die Schüler sammeln nach dem Lesen des jeweiligen Kapitels zunächst in den Sparten „Handlungsorte" und „Inhalt in Stichworten" Schlüsselwörter und Kurznotizen, um diese dann zu aussagekräftigen Kapitelüberschriften umzuformulieren.

Überschriften sind nicht nur kurze, markante Beschreibungen eines Textes, sondern sollen zudem auch das Interesse wecken. Bei der Formulierung sollen die Schüler bedenken, dass von ihnen bestimmte Signalwirkungen und Stimmungen ausgehen. Deshalb können Kapitelüberschriften auch Frage- oder Ausrufesätze sein. Die Vorschläge können an einer Stellwand gesammelt werden. Durch Markierungsstriche oder Handzeichen wählen die Schüler aus, welche Idee als beste Kapitelüberschrift in die Tabelle aufgenommen wird.

Lösung

Kap.	Handlungsorte	Inhalt in Stichworten
1	Gazny, Afghanistan	Beschreibung des Alltags, Koranschule, Planung der Flucht
2	Gazny, Iran	Eltern verschwunden, Verlassen der Heimat, Flucht in den Iran
3	Iran	neues Zuhause, Alltag im Iran, Akbar erfährt die Wahrheit über das Schicksal seiner Eltern
4	Iran (Baustelle)	Arbeit am Bau, erste Verliebtheit, Mofa
5	Iran (Gefängnis)	Festnahme, Gewalt der Polizei, Gefahr der Familie, Strafgebühr, Planung von Akbars Flucht aus dem Iran
6	Iran, Türkei	Flucht aus dem Iran in die Türkei mit verschiedenen Transportmitteln, nächtlicher Fußmarsch
7	Türkei	Begegnung mit Reza, Bootsfahrt nach Griechenland
8	Türkei, Griechenland, Athen	gemeinsame Flucht mit Reza nach Athen per Taxi und Schiff
9	Griechenland, Athen	Aufenthalt in Hotel, Rat eines Afghanen, neuer Fluchtplan über Patras, Trennung von Reza
10	Patras	Begegnung mit Hadji Hadji und jungen Männern, Versuche, auf Lastwagen aufzuspringen
11	Patras, Italien	Versuch hat Erfolg, Fahrt im Kühlwagen, Ankunft in Italien, Entdeckung und Hilfe durch Fahrer
12	Italien, Rom	Fahrt nach Rom, Park mit Landsleuten, Begegnung mit Hassan
13	Rom	Begegnung mit Samir, Warten auf Geld, Kauf einer Fahrkarte Richtung Skandinavien über Paris
14	Zug, Paris	Zugfahrt nach Paris, Unterkunft in Camp

15	Zug	Zugfahrt nach Deutschland, erste Passkontrolle ohne Konsequenzen, Aufgreifen durch Polizei vor der Grenze zu Dänemark
16	Deutschland	Leben in Jugendheim und WG, Schule, Deutsch lernen, Begegnung mit Frauke Kässbohrer, Erfolge und Enttäuschungen

KV Seite 9

Wer ist Akbar?

Mithilfe dieses Arbeitsblatts stellen die Schüler grundlegende Informationen über Akbar zusammen. Die sieben Felder können auch von Kleingruppen erarbeitet werden. Alternativ wird das Blatt zur Sicherung des Gelesenen als Hausaufgabe aufgegeben. Die Schilderung von Akbars früher Kindheit in Afghanistan bietet zudem die Möglichkeit, diese in Form einer Schreibaufgabe oder im Unterrichtsgespräch mit der eigenen Kindheit zu vergleichen (siehe „Kindheiten im Vergleich“ im Abschnitt „Gesprächs- und Schreibanlässe“, S. 6).

Lösung

Alter zum Zeitpunkt der Flucht: sieben Jahre (S. 10)
Wohnort: Gazny, kleine Stadt in der Nähe von Kabul (S. 8)
Zuhause: kleines Haus mit zwei Räumen und einer Küche, keine Elektrizität, kein Wasseranschluss, Wasser wird vom Brunnen geholt, Schlafmatratzen (S. 8)
Familie: Akbar hat einen älteren Bruder und eine ältere Schwester, Vater, Mutter, Tante und Onkel mit acht Kindern; Familien von Akbar und seinem Cousin Hussein sind eng miteinander verbunden (S. 8)
Ausbildung/Schule: Koranschule ab dem Alter von vier Jahren (S. 9)
Alltag mit Hussein: Akbar wächst mit Hussein auf wie mit einem Zwillingsbruder (S. 8); Kinder haben viel Freiraum, übernehmen aber kleinere Aufgaben im Haushalt (S. 9)
Sprache: Dari (afghanische Sprache), unterscheidet sich von der arabischen Sprache (S. 9)

Das Land Afghanistan

Dieses Arbeitsblatt bietet den Schülern allgemeine Informationen über Afghanistan. Mithilfe der ersten beiden Aufgaben erweitern sie ihr geografisches Wissen. In der dritten Aufgabe müssen vier Textbausteine in die richtige Reihenfolge gebracht werden, damit die Auskunft über die Situation in Afghanistan einen logischen Aufbau erhält. Anschließend werden die Abschnitte mit passenden Überschriften versehen. Durch diese Arbeitsschritte strukturieren die Schüler den Text und erarbeiten die Hauptaussagen.

Lösung

Aufgaben 1 und 2:

Aufgabe 3:

1. Staatsform und Wirtschaft
Der Staat Afghanistan ist eine islamische Republik …

2. Medizinische Versorgung
Die Gesundheitsversorgung ist …

3. Krieg und Menschenrechtslage
Die schlechte medizinische Versorgung ist …

4. Die Situation der Kinder
Auch die Rechte der Kinder …

Glücklich ohne Hightech?

Das Arbeitsblatt dient den Schülern als Anstoß, ihren persönlichen Umgang mit technischen Geräten zu reflektieren. Darüber hinaus soll Akbars einfaches Leben in Afghanistan mit dem technisierten eigenen Alltag verglichen werden. Die Antworten zu den ersten beiden Aufgaben über die Nutzung können sehr unterschiedlich ausfallen, abhängig vom Interesse und den finanziellen Möglichkeiten der Schüler. Allgemein werden sie aber wohl feststellen, dass ein großer Teil ihres Alltags durch technische Geräte bestimmt ist. Aufgabe 3 fordert die Schüler dazu auf, sich differenziert zu äußern, wie sie die Wirkung von Technik einschätzen. Ihre Meinung soll argumentativ formuliert werden. Das schließt eine sachliche Begründung und konkrete Beispiele ein, die ihre These untermauern.

Aufbau eines Arguments
1. Aufstellen einer These/einer Behauptung, die begründbar und beweisbar sein muss.
2. Formulierung einer Begründung, die die Behauptung stützt, und erklärt, warum sie aufgestellt wurde.
3. Einfügen eines konkreten Beispiels, das die These veranschaulicht.
4. Abrunden des Arguments durch eine Schlussfolgerung, die die aufgestellte These nochmals kurz aufgreift und bestätigt.

KV Seite 12

Die Koranschule
Diese Kopiervorlage bietet einführend eine Kurzinformation zum Koran und erklärt, wie wichtig diese Schrift für gläubige Muslime ist. Die Aufgaben können sehr gut als Hausaufgabe aufgegeben werden. Zunächst sollen die Schüler einen Lückentext mithilfe der Lektüre ergänzen, um das sinnerfassende Lesen zu schulen. Die zweite Aufgabe präsentiert eine vergleichende Zusammenfassung von einer Koranschule und einer deutschen Regelschule, zu der eine passende Frage gestellt werden soll.

Lösung
Aufgabe 1:
Akbar besuchte zum ersten Mal eine Koranschule, als er vier Jahre alt war. Diese Schule war in Akbars Dorf und war auf drei Jahre ausgerichtet. Im ersten Jahr ging es ausschließlich darum, die arabischen Schriftzeichen lesen zu lernen. Im dritten Jahr konnte Akbar den Koran lesen. Der Unterricht dauerte fünf Stunden am Tag. Akbar besuchte ihn im Winter, denn in den anderen Monaten waren die täglichen Arbeiten vorrangig. Wichtig in der Koranschule waren die Gebete und die Haltung, die Muslime auf dem Gebetsteppich einnehmen. Die Schüler lernten, dreimal am Tag zu beten.

Aufgabe 2:
Was ist der Unterschied zwischen einer Koranschule und einer deutschen Schule?

Gesprächs- und Schreibanlässe

Lesetagebuch
Lege ein Heft an, das dein „Lektüretagebuch" oder „Lesetagebuch" wird. Darin kannst du festhalten, was dir bei der Lektüre des Berichts durch den Kopf gegangen ist. Auch Arbeitsblätter oder ergänzende Arbeitsaufträge können hier eingeklebt bzw. eingetragen werden.

Mögliche Inhalte eines Lektüretagebuchs:
- Abschriften und Bearbeitungen von Textstellen
- Notizen (Gedanken und Gefühle) zu dem, was du gelesen hast
- Zeichnungen zu verschiedenen Situationen
- Bewertungen/Kritiken zu einzelnen Passagen

Hinweise zu Aufbau und Gestaltung:
- Gestalte den Umschlag so, dass Titel und Thema des Buches deutlich werden.
- Nummeriere die Innenseiten deines Lesetagebuchs. Versieh jeden Eintrag mit einem Datum.
- Schreibe auf die Innenseite des Deckblatts ein Inhaltsverzeichnis, das du entsprechend deiner Einträge nach und nach erweiterst.

Familienleben
Unterhaltet euch in der Klasse über Akbars Familienverband und Familien in Deutschland:
- Wodurch unterscheiden sie sich?
- Was haben sie gemeinsam?

Koranschule
- Wie empfindest du den Ablauf in der Koranschule?
- Gibt es in deiner Klasse muslimische Mitschüler, die selbst eine Koranschule besuchen?
- Welche Erfahrungen haben sie gemacht?

Kindheiten im Vergleich
Erstelle in deinem Heft eine Tabelle mit zwei Spalten. Trage dann in der ersten Spalte Informationen über den Alltag des siebenjährigen Akbar ein und gib in der zweiten Spalte Auskunft über dein eigenes Alltagsleben, als du in diesem Alter warst. Berücksichtige dabei z. B. folgende Aspekte: Wohnung, Essen, Schule, Freunde, Freizeitbeschäftigung. Wo finden sich die größten Unterschiede, wo Gemeinsamkeiten?

Kreativ aktiv

Bei Akbar zu Hause
Gestalte Akbars Wohnsituation in einem Schuhkarton nach. Dazu brauchst du außer dem Karton noch Stoffreste, Klebstoff, ein Bastelmesser, Zahnstocher oder Holzstäbchen, eine Schere, verschiedenartiges Papier, Stoffreste und Watte. Hinweise zur Bauanleitung: *http://www.praxis-jugendarbeit.de/basteln-bastelideen/Jugendzimmer.html, http://www.kunstlinks.de/material/vtuempling/zimmer2/.*

Standbild
Baut ein Standbild von Akbar und seiner Großfamilie. Stellt die Beziehungen zwischen den Familienmitgliedern dar, indem ihr euch zunächst nochmals die Familienstruktur vergegenwärtigt. Die Beziehungen und die Hierarchie werden durch Nähe bzw. Distanz und durch verschiedene Körperhaltungen, Gestik und Mimik ausgedrückt. Verzichtet dabei bewusst auf Sprache. Es bietet sich an, die Aufgabe zu Beginn des sechsten Kapitels zu wiederholen. An dieser Stelle verlässt Akbar seine Verwandten. Für einen Vergleich können von beiden Standbildern Fotos gemacht werden.

Ein Standbild bauen
Durch die Methode des Standbilds wird den Lesern eine Identifizierung mit anderen Personen, Situationen oder Dingen ermöglicht. So können wichtige Schlüsselszenen, aber auch größere Textabschnitte, Bilder etc. in eine Art „Schnappschuss" umgewandelt werden. Ein Standbild hilft dabei, inhaltliche Zusammenhänge und die Intention eines Textes zu erfassen.

Wegweiser

Ergänze die Tabelle und finde eigene Kapitelüberschriften. Wählt dann gemeinsam den besten Vorschlag aus. Trage ihn in die letzte Spalte ein.

Kap.	Handlungsorte	Inhalt in Stichworten	Meine Kapitelüberschrift	Beste Kapitelüberschrift
1				
2				
3				
4				
5				
6				
7				
8				
9				
10				
11				
12				
13				
14				
15				
16				

Wer ist Akbar?

Tausende Flüchtlinge haben Deutschland erreicht, tausende Schicksale sind damit verknüpft. Für uns sind sie namenlos, gesichtslos. Mit der Schilderung seiner Flucht hat Akbar einem Flüchtlingsschicksal ein Gesicht gegeben.

Ergänze das Schaubild mithilfe der Informationen aus dem ersten Kapitel.

Alter zum Zeitpunkt der Flucht

Wohnort

Zuhause

Familie

Alltag mit Hussein

Ausbildung / Schule

Sprache

Das Land Afghanistan

1. Finde die Nachbarländer von Afghanistan in einem Atlas und trage sie in die Karte ein: Usbekistan, China, Pakistan, Iran, Tadschikistan, Turkmenistan.

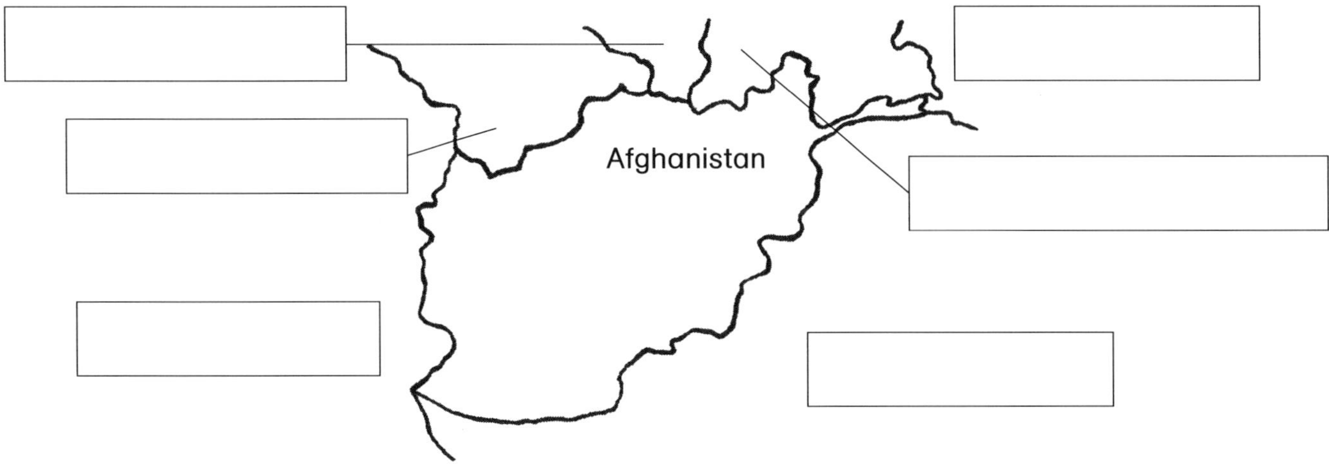

2. Wo liegt Akbars Heimatstadt Gazny? Markiere sie auf der Landkarte.

3. Nummeriere die Abschnitte in der richtigen Reihenfolge und finde jeweils eine Überschrift.

____

☐ Auch die Rechte der Kinder werden oft nicht beachtet. Seit ihrer erneuten Machtübernahme 2021 verpflichteten sich die Taliban mehrfach, das Recht von Mädchen auf Bildung zu respektieren. Dennoch blieben die weiterführenden Schulen für Mädchen geschlossen. Ebenso ist Kinderarbeit in Afghanistan ein großes Problem.

____

☐ Die Gesundheitsversorgung ist unzureichend. Viele Menschen, insbesondere auf dem Land, müssen tagelange Fußmärsche auf sich nehmen, um zur nächsten Krankenstation zu gelangen, und leiden unter Mangelernährung.

____

☐ Afghanistan ist eine islamische Republik, deren Einwohner fast ausschließlich Muslime sind. Außerhalb Schwarzafrikas ist Afghanistan der ärmste Staat der Welt. Es gibt kaum Industrieproduktion, 80 Prozent der Bevölkerung sind in der Landwirtschaft tätig.

____

☐ Die schlechte medizinische Versorgung ist unter anderem durch einen zwanzigjährigen Krieg begründet, unter dem vor allem die Zivilbevölkerung litt. Menschenrechtsorganisationen berichten, dass außergesetzliche Tötungen und Folter in Staatsgefängnissen weit verbreitet sind. Diese Verletzungen der Menschenrechte werden selten bis nie geahndet.

Glücklich ohne Hightech?

Ein Leben ohne Computer oder Smartphone können sich viele Menschen nicht mehr vorstellen. Ist es überhaupt noch möglich, ohne Technik zu leben?

1. Akbar sagt: „Wir waren auch ohne ‚Hightech' glücklich!" (S. 8). Welche technischen Geräte brauchst du täglich?

© mauritius images – age

2. Auf welche dieser Geräte könntest du auf keinen Fall verzichten? Begründe deine Ansicht.

3. Vervollständige den Satz und begründe deine Meinung.

faul | unkommunikativ | Spaß | intelligent | unsozial

dumm | kommunikativ | glücklich | sozial | unglücklich

Technik macht ______________________________

Die Koranschule

Das Wort „Koran“ (arabisch: *qur'ān*) bedeutet „Lesung, Rezitation, Vortrag“. Als das heilige Buch des Islam noch nicht schriftlich festgehalten war, lernten Muslime, öffentlich daraus vorzutragen. Noch zu Lebzeiten des Propheten Mohammed wurde der Koran niedergeschrieben, weil stenggläubige Menschen befürchteten, dass die Inhalte durch mündliche Wieder- und Weitergabe verändert werden könnten. Der Koran ist auf Arabisch verfasst und Muslime behandeln ihn mit größtem Respekt. Der Koran ist für sie eine Lehre direkt aus dem Munde Allahs (Gottes).

1. Die fehlenden Informationen zu diesem Lückentext findest du auf den Seiten 9 und 10. Lies die Textstelle im Buch aufmerksam durch und ergänze die Wörter.

Akbar besuchte zum ersten Mal eine Koranschule, als er ______________ Jahre alt war. Diese Schule war in Akbars ______________ und war auf ______________ Jahre ausgerichtet. Im ersten Jahr ging es ausschließlich darum, die ______________ ______________ lesen zu lernen. Im dritten Jahr konnte Akbar den ______________ lesen. Der Unterricht dauerte ______________ Stunden am Tag. Akbar besuchte ihn im ______________, denn in den anderen Monaten waren die täglichen ______________ vorrangig. Wichtig in der Koranschule waren die ______________ und die Haltung, die Muslime auf dem ______________ einnehmen. Die Schüler lernten, ______________ am Tag zu beten.

2. Formuliere die passende Frage zur vorgegebenen Antwort.

In einer Koranschule lernen die Schüler den Islam kennen. Dazu gehört der Unterricht in Arabisch, die Gebetspraxis, Vorschriften, wie sich Muslime im täglichen Leben verhalten sollen, und vor allem die Rezitation des Korans. In deutschen Schulen ist Religionsunterricht ein Fach unter vielen anderen. Nicht alle Schüler nehmen daran teil.

2. bis 5. Kapitel: Flucht mit der Familie

Inhalt

(2) In der Nacht vor der Flucht steht Akbars Onkel auf, um nach der Familie seines Schwagers zu sehen. Er muss entdecken, dass Akbars Eltern und Geschwister verschwunden sind. Seine Frau und er beschließen dennoch, die Flucht anzutreten und Akbar nichts von dem Geschehen zu erzählen. Stattdessen geben sie vor, sie würden seine Eltern später im Iran treffen.

(3) Die Flucht in den Iran gelingt. Akbar hat als nicht leibliches Kind seiner Tante und seines Onkels keinen Anspruch auf einen Ausweis und darf nicht in die Schule gehen. Ab dem Alter von neun Jahren trägt er durch die Arbeit auf einem Bauernhof zum Lebensunterhalt der Familie bei. Kurz vor Akbars zwölftem Geburtstag eröffnen ihm Onkel und Tante die Wahrheit über das Verschwinden seiner Eltern.

(4) Mit 14 Jahren beginnt Akbar, auf dem Bau zu arbeiten. Ein Jahr später begegnet er Khadija, in die er sich verliebt. Er versucht, sie so oft wie möglich zu treffen, auch wenn dies für beide nicht ungefährlich ist.

(5) Eines Tages wird Akbar von iranischen Polizisten aufgegriffen. Weil er sich nicht ausweisen kann, muss er eine Nacht im Gefängnis verbringen. Als seine Tante ihn am nächsten Tag abholt, wird ihnen mitgeteilt, dass die Familie etwa achttausend Dollar zahlen muss, damit Akbar im Iran bleiben kann. Die Familie berät, was zu tun sei, und Hussein bringt die Idee auf, dass Akbar nach Europa gehen könnte. Akbars Tante findet einen Schleuser und Akbar, der weder im Iran bleiben noch nach Afghanistan zurückkehren kann, willigt in den Fluchtplan ein.

Unterrichtsschwerpunkte

- Verlassen der Heimat
- Umgang mit Trauer um den Verlust der Eltern
- Selbstmotivation, Selbstzweifel und Zukunftsangst
- Vorurteile

Zu den Kopiervorlagen

Alle sind weg!
Diese Kopiervorlage zielt darauf ab, das Geschehen des Buches aus einem anderen Blickwinkel zu betrachten. Im Mittelpunkt steht zunächst die Perspektive des Onkels. Er ist der einzige Zeuge für das Verschwinden von Akbars Eltern und Geschwistern. Auf ihm lastet die Verantwortung, seiner Frau die Entdeckung mitzuteilen, die damit ihren Bruder verloren hat. Zudem besteht für seine eigene Familie ebenso die Gefahr, dass die Fluchtabsicht verraten wurde und die Flucht deshalb scheitern wird. Auch die Verantwortung für Akbar lastet von nun an auf den Schultern des Onkels.

Die zweite Aufgabe sensibilisiert die Schüler dafür, dass Flüchtlinge oft nur das Nötigste mitnehmen können. Alternativ zur Zeichnung der Gegenstände, die sie selbst einpacken würden, können sie auch dazu aufgefordert werden, zu Hause einen Rucksack zu packen und ihn mitzubringen. Die Rucksäcke werden in der Klasse gemeinsam begutachtet und die Schüler erzählen, welche Gedanken und Gefühle ihnen beim Packen durch den Kopf gegangen sind.

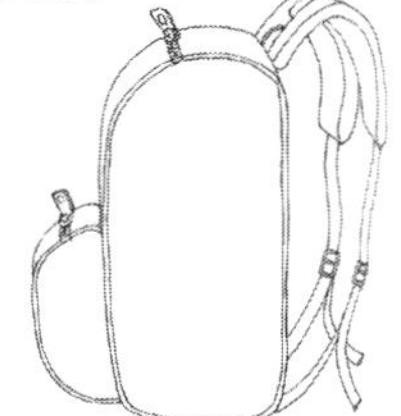

Lösung
Aufgabe 1:
Was ist denn hier los? Wo sind Akbars Eltern, seine Geschwister? Oh Gott, vielleicht wurden sie verschleppt oder gar getötet! Wurden wir verraten? Ist unsere Flucht jetzt in Gefahr? Wie soll ich das bloß meiner Frau erzählen? Und Akbar? Der arme Junge, er ist jetzt vielleicht ein Waisenkind! Was machen wir bloß mit ihm? Sollen wir ihn mitnehmen? Ja, natürlich, er gehört ja zur Familie.

Erwachsenensorgen
Mithilfe dieses Arbeitsblatts sollen sich die Schüler in die Situation von Akbars Tante versetzen. Durch die Beantwortung der Fragen können sie die Gründe für die Flucht und das Verhalten der Tante nach dem Verschwinden von Akbars Eltern besser verstehen. Die Schüler sollen diskutieren, warum die Tante Akbar die Wahrheit vorenthält. Folgende Gründe können genannt werden: Würde sie Akbar zu diesem Zeitpunkt einweihen, riskierte sie womöglich seinen Widerstand und das Scheitern der eigenen Fluchtpläne. Zudem ist Akbar zu diesem Zeitpunkt erst sieben Jahre alt und seine Tante möchte ihn vermutlich schonen. Ergebnis der Diskussion könnte die Erkenntnis sein, dass sie aus einer Notlage heraus handelt und ihr Verhalten deshalb nachvollziehbar ist.

Lösung
Aufgabe 1:
- sich nähernde Angriffe der Taliban
- wachsende Armut
- Repressionen der Regierung
- Unsicherheit im Umgang mit Nachbarn
- Verlust des Vertrauens in andere Menschen

Aufgabe 2:

Sie sagt: „Bei deinen Eltern und Geschwistern ist etwas dazwischengekommen.“ – Sie denkt: „Die Familie wurde verschleppt, alle sind verschwunden. Ich weiß nicht, ob sie überhaupt noch am Leben sind.“

Sie sagt: „Sie haben uns gebeten, dich erst mal alleine mitzunehmen.“ – Sie denkt: „Wir werden dich auf keinen Fall zurücklassen. Du gehörst zu unserer Familie. Wir werden für dich sorgen. Wir werden versuchen, dir Vater und Mutter zu ersetzen.“

Sie sagt: „Sie treffen uns dann im Iran.“ – Sie denkt: „Hoffentlich finden sie eine andere Möglichkeit zu fliehen, vielleicht ist noch nicht alle Hoffnung verloren. Sie wissen ja, wo wir hinwollen.“

Großfamilie

KV Seite 20

Diese Kopiervorlage greift die verschiedenen Lebenssituationen von Akbars Großfamilie in Afghanistan und im Iran auf. Den Schülern wird die starke Verbundenheit der Familien bewusst und sie erkennen, dass der Onkel und die Tante erzieherische Verantwortung für Akbar übernommen haben. Die erste Aufgabe überprüft das Leseverständnis zum ersten bis dritten Kapitel. In der zweiten Aufgabe setzen sich die Schüler damit auseinander, dass die im Iran herrschenden Gesetze massive Einschränkungen und sogar Gefahren für Akbar und seine Verwandten bedeuten.

Lösung

Aufgabe 1:

	Akbar und seine Familie	richtig	falsch
1	Akbar und sein Cousin Hussein wachsen auf wie Zwillingsbrüder.	x	
2	Akbar ist mehr im Haus seiner Tante und seines Onkels als bei seinen Eltern.		x
3	Manchmal begleitet Tante Sarah Hussein und Akbar beim täglichen Gebet.	x	
4	Die Familien von Akbar und Hussein wollen Afghanistan gemeinsam verlassen.	x	
5	Onkel und Tante überlegen sich, ob sie Akbar zurücklassen sollten.		x
6	Akbar vertraut seiner Tante, als sie ihm sagt, er solle bei ihrer Familie mitfahren.	x	
7	Onkel und Tante nehmen ein Risiko auf sich, als sie Akbar mit in den Iran nehmen.	x	
8	Im Iran wird Akbar von seinen Verwandten vor den Menschen versteckt.		x
9	Tante Sarah verspricht Akbar, für ihn zu sorgen und ihm seine Familie zu ersetzen.	x	

Aufgabe 2:

Schulbesuch: Akbar darf keine Schule besuchen, stattdessen muss er schon als kleiner Junge durch Arbeit zum Lebensunterhalt der Familie beitragen.

Kontakt mit anderen Menschen: Akbar und seine Verwandten müssen vorsichtig sein, wenn sie mit anderen sprechen. Akbar ist illegal im Iran, weil er nicht der leibliche Sohn ist. Damit macht sich die Familie strafbar.

Identität: Ohne Ausweis wird Akbar zu einer Schattenperson. Er kann seine Identität nicht nachweisen.

Die Enthüllung

KV Seite 21

Mithilfe dieses Arbeitsblatts machen sich die Schüler bewusst, welche Wirkung die Enthüllung der Wahrheit über den Verbleib seiner Familie auf Akbar hat und wie sie seine weitere Entwicklung beeinflusst. Die erste Aufgabe erfordert Empathie und ein gewisses Maß an sozialer Kompetenz. Die Schüler sollen sich überlegen, welche Fragen sie an Akbars Stelle gehabt hätten. Um ihnen das Einfühlen zu erleichtern, bietet es sich an, die Situation mit verteilten Rollen nachzuspielen. Im Plenum sollte angesprochen werden, welchen emotionalen Belastungen Akbar durch die Enthüllung ausgesetzt ist.

Akbar befindet sich in einer Ausnahmesituation, aber auch Schüler kennen schwierige Lebenslagen, in denen es nicht einfach ist, neue Antriebskraft zu finden. Motivationssätze können dabei helfen, Selbstvertrauen aufzubauen, und Trost spenden, wenn etwas misslingt. In der zweiten Aufgabe sollen die Schüler eigene Motivationssätze formulieren, die sowohl ernst als auch humorvoll sein können. Darüber hinaus ist es möglich, auf Redewendungen und Sprichwörter zurückzugreifen.

Lösung

Aufgabe 1:

Warum habt ihr mir nicht früher die Wahrheit gesagt? Warum habt ihr damals nicht versucht, meine Eltern zu finden? Warum sind wir nicht einfach in Afghanistan geblieben und haben darauf gewartet, dass meine Eltern zurückkehren?

Aufgabe 2:
Sieh immer nach vorne!
Es ist noch kein Meister vom Himmel gefallen.
Lieber den Plan ändern, wenn er nicht funktioniert, aber nicht das Ziel.
Blicke zurück, um zu sehen, wie weit du schon gekommen bist.
Scheitern ist nicht das Gegenteil von Erfolg, sondern ein Teil davon.
Tu heute etwas, auf das du morgen stolz sein kannst!
Manchmal kann man nichts machen außer weiter.
Ohne Fleiß kein Preis!
Türme haben auch mal mit einem Fundament angefangen.
Ich träume nicht davon, ich tue es.
Verliere nie den Mut!
Alles wird gut!
Träume nicht, lebe!
Immer nach vorne schauen!
Ohne Hindernisse ist das Leben langweilig.
Nichts ist unmöglich!

Vorurteile

Wenn man Schüler fragt, ob sie Vorurteile haben, dann bestreiten sie dies in der Regel. Vorurteile hat jedoch jeder Mensch. Diese Kopiervorlage regt dazu an, die Entstehung von Vorurteilen zu reflektieren, sich die daraus folgende Manipulation bewusst zu machen sowie eigene Vorurteile zu hinterfragen und zu revidieren.

Vorurteile gehören zur Grundausstattung menschlichen Denkens. Verantwortlich dafür ist neben vielen anderen Gründen schlichtweg die Möglichkeit, die Komplexität von Ereignissen und zwischenmenschlichen Begegnungen zu reduzieren. Durch kognitive Schemata wird schnelles Agieren und Reagieren vereinfacht. Sprechen Sie mit den Schülern darüber, dass Vorurteile nicht in jedem Fall etwas Schlechtes sind. Vielmehr geht es darum, sich der eigenen Voreingenommenheit bewusst und in der Lage zu sein, sie zu überdenken.

Lösung
Aufgabe 1:
1. vorab wertendes Urteil
2. ungeprüfte Übernahme von Meinungen anderer
3. schwer abzubauen
4. Verallgemeinerung von Vorstellungen
5. Abwertung einzelner Personen oder Personengruppen

Aufgabe 2:
Historisch:
- Antisemitismus und Judenverfolgung durch das Naziregime in Deutschland
- Herabstufung der Ureinwohner in Nordamerika/Australien als „Wilde" durch die europäischen Kolonialisten

In unserer Zeit:
- neuer Antisemitismus, u. a. durch rechte Parteien und Gruppierungen
- Fremdenfeindlichkeit und Islamfeindlichkeit gegenüber Flüchtlingen, Asylbewerbern und Ausländern, u. a. durch rechte Parteien und Bewegungen

Bloß nicht weinen, Akbar!

Diese Kopiervorlage setzt sich mit den Gedanken und Gefühlen Akbars kurz vor seiner Flucht auseinander. Den Schülern soll deutlich werden, dass die alleinige Flucht für einen Jugendlichen eine große Herausforderung und Belastung darstellt, die verständlicherweise Zweifel und Ängste auslöst. Gleichzeitig werden sie zu einer lebensbejahenden Haltung ermutigt.

Lösung
Aufgabe 1:

Negative Gedanken	Positive Gedanken
Ich bin für meine Verwandten nur eine Belastung.	Meine Verwandten haben bisher gut für mich gesorgt, sie werden das auch weiter tun.
Alle haben mich alleingelassen, niemand schützt mich.	Allah wird mich sicher beschützen.
Ich koste nur Geld – und davon haben meine Verwandten nicht genug.	Meine Verwandten wollen den Schleuser bezahlen und mir Geld mitgeben.
Sie werden alle froh sein, wenn ich nicht mehr da bin.	Hussein hat gefragt, wie das ohne mich nur gehen soll. Er wird mich vermissen.

Aufgabe 2:
individuelle Lösung

Mutig oder feige?

Diese Kopiervorlage befasst sich mit der Charakterisierung der Hauptfigur. In den ersten fünf Kapiteln haben die Schüler Akbar so weit kennengelernt, dass sie nun in der Lage sind, situatives Verhalten von dauerhaften Charaktereigenschaften zu unterscheiden. Dabei soll deutlich werden, dass die Herausforderungen und schicksalhaften Ereignisse Akbars Persönlichkeit nachhaltig geprägt haben.

Lösung
Aufgabe 1:

	sehr	ziemlich	durchschnittlich	ziemlich	sehr	
beeinflussbar					x	willensstark
planlos			x			durchdacht
streitlustig					x	friedliebend
gefühlsbetont				x		vernunft-bestimmt
respektlos					x	respektvoll
misstrauisch					x	vertrauensvoll
unsicher		x				selbstbewusst
ängstlich		x				sorglos
zurückhaltend			x			temperamentvoll
unverantwort-lich					x	verantwortungs-bewusst
unvernünftig				x		vernünftig
feige					x	mutig
ungeduldig				x		geduldig
wankelmütig				x		ausdauernd

Aufgabe 2:

a) Akbar glaubt anderen Menschen vertrauensvoll.
b) Während der Jahre im Iran erweist sich Akbar als geduldig / verantwortungsbewusst.
c) Seiner Tante und seinem Onkel gegenüber benimmt sich Akbar respektvoll / friedliebend.
d) Akbars Lebensstrategie zeigt, dass er willensstark / ausdauernd ist.
e) Kurz vor seiner alleinigen Flucht verhält sich Akbar mutig.

Gesprächs- und Schreibanlässe

Dialog zwischen der Tante und dem Onkel
Akbars Eltern sind verschwunden, die Großfamilie wurde getrennt. Im Buch auf Seite 13 / 14 spricht der Onkel mit seiner Frau und weist sie an, sich nichts anmerken zu lassen. Entwickle diesen Dialog weiter. Worüber könnten die beiden gesprochen haben? Wie sind sie zu der Einigung gekommen, Akbar mit auf die Flucht zu nehmen? Welche Bedenken oder Hoffnungen haben sie möglicherweise geäußert?

Was ist ein Dialog?
Ein Dialog gibt ein Gespräch zwischen zwei oder mehreren Personen wieder. Dialoge beinhalten verschiedene Aussagen der beteiligten Personen, der jeweils Sprechende geht in der Regel auf das vom anderen Gesagte ein. Sie können von verschiedenen äußeren Faktoren beeinflusst werden, z. B. der Tageszeit, dem Ort oder der Vorgeschichte der Sprechenden. Dialoge können ein normales Gespräch sein, aber auch ein Streitgespräch oder eine Diskussion.

Notlügen
Notlügen kommen meist dann zum Einsatz, wenn man sein Gegenüber nicht verletzen möchte oder wenn es für die Person beschämend oder sogar gefährlich wäre, die Wahrheit zu sagen. Sammelt gemeinsam Beispiele für Notlügen im Schulalltag. Sortiert diese danach, ob sie aus eurer Sicht moralisch vertretbar sind oder nicht.

Flüchtlinge
Gestalte ein Akrostichon zum Thema „Flüchtlinge". Ein Akrostichon ist ein antikes Schreibspiel oder Gedicht, bei dem die Buchstaben eines Wortes senkrecht untereinandergeschrieben werden. Jeder dieser Buchstaben bildet den

Anfang eines neuen Wortes oder Satzes. Wichtig ist dabei, dass die ergänzten Begriffe oder Sätze sich auf das Ursprungswort beziehen (siehe KV „Die Enthüllung“, S. 21, Aufgabe 2).

Recherche

Akbars Eltern sind spurlos verschwunden. Welche Organisationen können Menschen helfen, wenn sie vermisste Personen suchen? Recherchiert im Internet nach Informationen.

Kreativ aktiv

Suchplakat
Stellt euch vor, Akbars Onkel und Tante hätten die Möglichkeit gehabt, ein Suchplakat für ihre Verwandten aufzuhängen. Wie hätte es aussehen können? Gestaltet in Kleingruppen ein Plakat.

Collage zu Vorurteilen
Wählt eine Gruppe, die in besonderem Maße Vorurteilen ausgesetzt ist. Sprecht über Eigenschaften, die ihr zugeschrieben werden. Gestaltet in Teamarbeit ein Bild, das diese Klischees revidiert.

Hinweise zum Erstellen einer Collage
Bei einer Collage werden Bilder und Fotos zu einem bestimmten Thema aus Zeitschriften und Zeitungen ausgeschnitten oder herausgerissen und dann zu einem neuen Gesamtbild zusammengefügt. Eine erweiterte Collageart ist die Bild-Text-Collage, bei der auch passende Überschriften oder Textzeilen gesammelt werden, die das Bild ergänzen. Zur Gestaltung von Collagen ist es hilfreich, wenn man die verschiedenen Elemente auf eine neutrale Unterlage aus festem Papier oder Karton klebt.

Alle sind weg!

1. Akbars Onkel geht in das Haus der Eltern und entdeckt, dass alle verschwunden sind. Was geht ihm durch den Kopf? Was denkt er über Akbars Situation? Schreibe auf.

2. Stell dir vor, du musst wie Akbars Familie dein Zuhause verlassen. Es gibt kein Zurück mehr. Was würdest du mitnehmen? Zeichne die Gegenstände in den Rucksack und beschrifte sie.

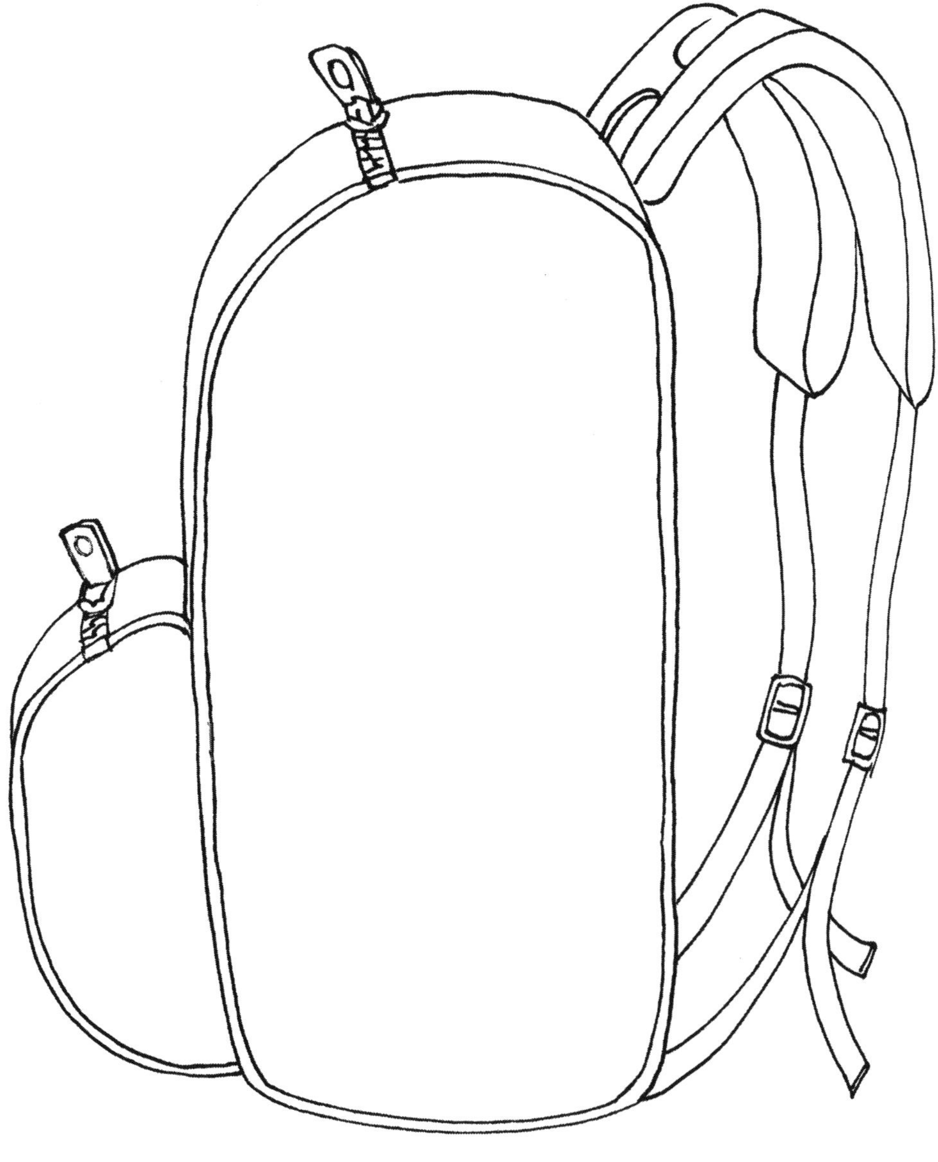

Erwachsenensorgen

1. Akbars Tante Sarah hat vielfältige Sorgen wegen der geplanten Flucht. Welche Gründe hatten die beiden Familien, Afghanistan zu verlassen?

2. Tante Sarah lügt Akbar an, als der Zeitpunkt zur Flucht gekommen ist. Versetze dich in die Situation der Tante. Ergänze in den Gedankenblasen, was ihr durch den Kopf gehen könnte.

Sie sagt:

Sie denkt:

Bei deinen Eltern und Geschwistern ist etwas dazwischengekommen.

Sie haben uns gebeten, dich erst mal alleine mitzunehmen.

Sie treffen uns dann im Iran.

3. Was veranlasst die Tante, Akbar die Wahrheit vorzuenthalten? Könnt ihr dieses Verhalten nachvollziehen? Sprecht darüber.

Großfamilie

Viele muslimische Familien sind Großfamilien. Oft leben Kinder mit ihren Eltern, Großeltern und Urgroßeltern im selben Haus. Ein wichtiger Bestandteil des islamischen Glaubens ist es, sich um alle Verwandten zu kümmern. Gegenseitige Unterstützung ist eine wichtige Säule muslimischer Familien. Die Eltern sind verpflichtet, die Kinder zu guten Muslimen zu erziehen.

1. Sind die Aussagen richtig oder falsch? Kreuze an.

Akbar und seine Familie		richtig	falsch
1	Akbar und sein Cousin Hussein wachsen auf wie Zwillingsbrüder.		
2	Akbar ist mehr im Haus seiner Tante und seines Onkels als bei seinen Eltern.		
3	Manchmal begleitet Tante Sarah Hussein und Akbar beim täglichen Gebet.		
4	Die Familien von Akbar und Hussein wollen Afghanistan gemeinsam verlassen.		
5	Onkel und Tante überlegen sich, ob sie Akbar zurücklassen sollten.		
6	Akbar vertraut seiner Tante, als sie ihm sagt, er solle bei ihrer Familie mitfahren.		
7	Onkel und Tante nehmen ein Risiko auf sich, als sie Akbar mit in den Iran nehmen.		
8	Im Iran wird Akbar von seinen Verwandten vor den Menschen versteckt.		
9	Tante Sarah verspricht Akbar, für ihn zu sorgen und ihm seine Familie zu ersetzen.		

2. Zeige auf, was die Aussage des Onkels (S. 17) für Akbars Leben im Iran hinsichtlich der folgenden Bereiche bedeutet: Schulbesuch, Kontakt mit anderen Menschen, Identität. Schreibe in dein Heft.

Schau, Akbar, jetzt sind wir im Iran und da gibt es seltsame Gesetze. Zum Beispiel dürfen hier nur die Kinder in die Schule gehen, die bei ihren Eltern wohnen. Hätte ich gelogen und dich als unser Kind ausgegeben, wäre das bestimmt irgendwann herausgekommen. Dann hättest du große Schwierigkeiten gekriegt. Und ich natürlich auch. Du hast also leider keinen Anspruch auf einen Schulplatz und leider auch nicht auf einen Ausweis.

Die Enthüllung

Kurz vor seinem zwölften Geburtstag erfährt Akbar von seinem Onkel und seiner Tante die Wahrheit über den Verbleib seiner Eltern. Er ist schockiert, stellt aber keine Fragen.

1. Welche Fragen hättest du an Akbars Stelle gehabt?

____

____

____

____

____

2. Was motiviert dich? Finde Sätze, die dir Mut machen können. Orientiere dich an den Beispielen.

S ieh immer nach vorne!

E ______________________________

L ______________________________

B ______________________________

S ______________________________

T ______________________________

M ______________________________

O ______________________________

T ______________________________

I ______________________________

V erliere nie den Mut!

A lles wird gut!

T ______________________________

I ______________________________

O hne Hindernisse ist das Leben langweilig.

N ______________________________

Vorurteile

Akbars Kollegen auf dem Bau hetzen täglich gegen Christen. Die „Schauergeschichten“ (S. 24) beeinflussen Akbar, sodass er voller Vorurteile ist, als er später nach Europa kommt.

1. Lies die Definition zum Begriff „Vorurteile“. Markiere die Schlüsselwörter und schreibe die fünf Merkmale auf, die dir am wichtigsten erscheinen.

Ein Vorurteil ist ein vorab wertendes Urteil, eine nicht sachlich begründete und nicht durch Erfahrung erworbene, gefühlsmäßig mitbestimmte Einstellung gegenüber Dingen oder Menschen. Es wird ungeprüft von anderen übernommen und ist auch durch gegenteilige Erfahrungen nur schwer abzubauen. Vorurteile verallgemeinern statt zu differenzieren. Sie entstehen dadurch, dass wir in unserer Wahrnehmung darauf angewiesen sind, bestimmte Sachverhalte zu vereinfachen: Wir fassen sie zu Stereotypen zusammen und ordnen sie in Kategorien ein. Gelegentlich werden Vorurteile gezielt politisch oder religiös geschürt, um bestimmte Personen oder Personengruppen abzuwerten. Sie sind aber nicht notwendigerweise negativ, es gibt auch aufwertende Vorurteile.

____

____

2. Nenne Beispiele für politisch oder religiös geschürte Vorurteile. Welche Gruppe war oder ist betroffen? Wer hatte oder hat ein Interesse daran?

Historisch:

____

____

____

In unserer Zeit:

____

____

____

3. Diskutiert folgende Aussagen.

Die meisten Vorurteile haben schon ihren Grund. Deutsche sind eben pünktlicher als Italiener.

Vorurteile sind in Ordnung, wenn man sie immer wieder an den eigenen Erfahrungen misst und gegebenenfalls revidiert.

Bloß nicht weinen, Akbar!

Am Ende des fünften Kapitels steht Akbar die Flucht nach Europa bevor. Er beschreibt seinen Gefühlszustand mit den Worten: „Widersprüchliche Gedanken schossen mir durch den Kopf: ‚Ich will doch mutig sein, aber es hört sich alles so furchtbar an. – Bloß nicht weinen, Akbar!'" (S. 32)

1. Setze Akbars angstvollen, negativen Gedanken mutige, positive entgegen.

Negative Gedanken	Positive Gedanken
Ich bin für meine Verwandten nur eine Belastung.	
Alle haben mich alleingelassen, niemand schützt mich.	
Ich koste nur Geld – und davon haben meine Verwandten nicht genug.	
Sie werden alle froh sein, wenn ich nicht mehr da bin.	

2. Markiere das Zitat, das Akbars Situation am Ende des fünften Kapitels deiner Meinung nach am besten trifft. Begründe deine Wahl.

Mut kann nur der haben, der auch Furcht kennt; der andere ist nur tollkühn.

Willy Brandt, Politiker

Mut ist nichts anderes als Angst, die man nicht zeigt.

Sergio Leone, Filmregisseur

In großer Not zeigt sich der große Mut.

Jean-François Regnard, Schriftsteller

Es gibt Gefahren, denen zu entfliehen nicht Feigheit ist, sondern höchster Mut, die Kraft, sich selbst zu besiegen.

Berthold Auerbach, Schriftsteller

Nur ein verzweifelter Spieler setzt alles auf einen einzigen Wurf.

Friedrich Schiller, Schriftsteller

Mutig oder feige?

1. Wie schätzt du Akbar nach den ersten fünf Kapiteln ein? Kreuze in der Tabelle an.

	sehr	ziemlich	durch-schnittlich	ziemlich	sehr	
beeinflussbar						willensstark
planlos						durchdacht
streitlustig						friedliebend
gefühlsbetont						vernunftbestimmt
respektlos						respektvoll
misstrauisch						vertrauensvoll
unsicher						selbstbewusst
ängstlich						sorglos
zurückhaltend						temperamentvoll
unverantwortlich						verantwortungsbewusst
unvernünftig						vernünftig
feige						mutig
ungeduldig						geduldig
wankelmütig						ausdauernd

2. Vervollständige die Sätze über Akbar mit Adjektiven aus der Tabelle. Schreibe eigene Aussagen auf, die seinen Charakter beschreiben.

a) Akbar glaubt anderen Menschen ____________________________.

b) Während der Jahre im Iran erweist sich Akbar als ____________________________.

c) Seiner Tante und seinem Onkel gegenüber benimmt sich Akbar ____________________________.

d) Akbars Lebensstrategie zeigt, dass er ____________________________.

e) Kurz vor seiner alleinigen Flucht verhält sich Akbar ____________________________.

____

____

____

____

6. bis 9. Kapitel: Vom Iran nach Griechenland

Inhalt

(6) Akbar begibt sich auf die Flucht nach Europa. Mit wechselnden Fahrzeugen und in Gesellschaft von vier weiteren Flüchtlingen gelangt er in die Nähe der Grenze zur Türkei. Die letzte Etappe bewältigen die Flüchtlinge in einem achtstündigen Fußmarsch. Anschließend geht die Fahrt in einem Lkw mit 30 Flüchtlingen weiter.

(7) Beim nächsten Zwischenhalt muss Akbar eine Woche warten, bis die Flucht weitergeht. Dort begegnet er Reza, einem afghanischen Jungen in seinem Alter, und freundet sich mit ihm an. Die beiden beschließen, die Flucht von jetzt an zusammen fortzusetzen. Gemeinsam überstehen sie die gefährliche Fahrt im Schlauchboot übers Mittelmeer. Nach der Überfahrt verstecken sich die beiden Jungen in einem Wald.

(8) Akbar und Reza schlagen sich gemeinsam bis nach Athen durch. Zunächst wandern sie die Landstraße entlang und hoffen auf eine Mitfahrgelegenheit. Aber kein Auto hält an. Nach einer Nacht in einer einfachen Hütte am Straßenrand können sie im nächsten Dorf ein Taxi organisieren, das sie zum Hafen bringt. Von dort fahren sie mit dem Schiff nach Athen und mit dem Bus weiter ins Stadtzentrum.

(9) Mit der Hilfe von Akbars Tante finden die beiden Jungen ein einfaches Hotel. Einer der Afghanen, die dort wohnen, gibt Akbar den Rat, mit dem Zug nach Patras zu fahren, um von dort aus als blinder Passagier in einem Lastwagen weiterzureisen. Akbar erzählt seinem Freund von dieser Fluchtmöglichkeit, doch Reza erscheint sie zu gefährlich. So beschließt Akbar, seine Flucht alleine fortzusetzen.

Unterrichtsschwerpunkte

- Schleuser
- Wegbegleiter auf der Flucht
- Sprache und Stilmittel

Zu den Kopiervorlagen

Schleuser
Akbar ist bei seiner Flucht auf die Hilfe von Schleusern angewiesen. Anhand dieses Arbeitsblatts setzen sich die Schüler mit den Motiven und Vorgehensweisen von Schleusern auseinander und reflektieren ihr widersprüchliches Geschäft mit den Flüchtlingen. Durch das Zusammenfügen der passenden Satzteile in der ersten Aufgabe erhalten die Schüler über den Einführungstext hinausgehende Informationen zum Thema. Die zweite Aufgabe zielt darauf ab, sich die zwiespältige Rolle der Schlepper bewusst zu machen. Dass sich Schleuser für ihre Tätigkeit juristisch verantworten müssen, macht sie zu Kriminellen. Auch zahlreiche Vorfälle, bei denen Flüchtlinge extremen Gefahren ausgesetzt werden oder sogar zu Tode kommen, verstärkt diese Einschätzung. Dennoch nehmen auch sie Risiken auf sich, wenn sie Fluchtwilligen die Möglichkeit verschaffen, vor Krieg, Gewalt, Verfolgung oder Folter zu fliehen. Den Flüchtlingen selbst bleibt oft keine andere Wahl, als sich einem Schleuser anzuvertrauen.

Lösung
Aufgabe 1:
Flüchtlinge haben keine Möglichkeit, legal nach Deutschland zu kommen.
Schleuser besorgen den Flüchtlingen falsche Papiere, damit sie über die Grenzen können.
Die Geschleppten sind häufig Menschen, die ihr Herkunftsland aus wirtschaftlichen oder politischen Gründen verlassen wollen.
Meist agieren die Schleuser nachts, um der Gefahr der Entdeckung zu entgehen.
Für ihre Vermittlung verlangen sie als Gegenleistung hohe Geldsummen.
Skrupellos handelnde Schlepper bringen die Flüchtlinge in Lebensgefahr.
Schleuser, die in Deutschland verurteilt werden, müssen mit Freiheitsstrafen bis zu fünf Jahren oder mit Geldstrafen rechnen.
Eine Vielzahl der organisierten Netzwerke von Schleppern wird von Fluchtwilligen selbst aufgebaut und aufrechterhalten.

Aufgabe 2:
individuelle Lösung

Flucht mit Reza
Dieses Arbeitsblatt überprüft die Textkenntnis der Schüler auf etwas andere Weise. Es bietet sich an, vorab das achte und neunte Kapitel als Hausaufgabe lesen zu lassen. Die Aufgabe, durch die Auswahl der richtigen Aussagen über das Buch den Weg aus dem Labyrinth zu finden, kann dann als Partneraufgabe im Unterricht gelöst werden. Abschließend wird im Plenum mithilfe einer Folie und eines Overheadprojektors oder einer Dokumentenkamera eine Musterlösung erarbeitet. Die

Form des Rätsels kann im Unterrichtsgespräch mit der Situation von Akbar und Reza verglichen werden: Wie in einem Labyrinth stehen Akbar und Reza immer wieder vor Entscheidungen und geraten häufig in ausweglos scheinende Situationen, die sie dann aber doch meistern.

Lösung

KV Seite 30

Zauberworte

Auf dieser Kopiervorlage werden sprachliche Aspekte des Buches in den Blick genommen. In Akbars Bericht, der von Frauke Kässbohrer niedergeschrieben wurde, finden sich verschiedene sprachliche Mittel, die die Spannung steigern und dem Leser die Möglichkeit geben, sich in Akbars Lage zu versetzen. Die Schüler ergänzen eine Tabelle, indem sie Stilmittel in vorgegebenen Textstellen ausfindig machen und deren Wirkung beschreiben. Je nach Vorkenntnissen der Schüler kann diese Aufgabe selbstständig gelöst oder im Klassenverband erarbeitet werden.

In der zweiten Aufgabe sollen die Schüler selbst Textstellen heraussuchen, die mit Stilmitteln arbeiten. Um dies zu erleichtern, bietet es sich an, sie in Gruppen aufzuteilen und die zu untersuchenden Textabschnitte vorab zu definieren. Abschließend können die Ergebnisse präsentiert und an der Tafel gesammelt werden.

Lösung

Aufgabe 1:

Textstelle	Stilmittel	Wirkung
Die Sonne schien, die Vögel zwitscherten, alles sah sehr friedlich aus und hätte uns noch mehr gefallen, … (S. 49)	Aufzählung	Die Erleichterung der beiden Jungen nach der Überfahrt mit dem Schiff wird hervorgehoben.
… wenn sich nicht immer beharrlicher der Hunger gemeldet hätte. (S. 49)	Personifikation	Der extreme Hunger, den Akbar empfindet, wird betont.
Aber Taxi, ja, dann Schiff, dann Bahn, dann große Stadt. (S. 50)	Wiederholung	Durch die Aneinanderreihung der Begriffe und die Wiederholung von „dann" wird die Herausforderung deutlich, die weitere Flucht zu gestalten.
Sie wählte, sprach ein paar Zauberworte und kurz darauf hielt ein Taxi neben uns an. (S. 51)	Hyperbel	Der rettende Charakter des Anrufs wird zum Ausdruck gebracht.
Dann bedeutete er uns, immer noch wütend, endlich auszusteigen. (S. 53)	Parenthese	Durch den Einschub wird der Ärger des Fahrers hervorgehoben.

Wir suchten uns einen Platz. Wir hatten keine Ahnung, wie lange wir fahren würden. (S. 54)	Anapher	Das Gemeinschaftsgefühl der beiden Jungen wird betont.
Mein Herz klopfte bis zum Hals, als ich dem Klingelton lauschte und verzweifelt betete. (S. 56)	Metapher	Akbars Aufregung und Nervosität werden verdeutlicht.
Wir suchten uns ein ruhiges Fleckchen, setzten uns auf den Boden und der Mann begann [zu sprechen]. (S. 60)	Diminutiv	Die Enge der Situation, in der das heikle Gespräch stattfindet, wird hervorgehoben.

Aufgabe 2:
individuelle Lösung

Gesprächs- und Schreibanlässe

Gute Sprüche
Als Akbar seine Tante und ihre Familie verlässt, kämpft er gegen seine Angst und Traurigkeit an und sagt zu sich selbst: „Ein Mensch ohne Hoffnung ist wie ein Fisch ohne Wasser." (S. 33) Mit diesem Vergleich wird deutlich, wie wichtig Zuversicht für sein Vorhaben ist. Suche weitere Vergleiche: Ein Mensch ohne Hoffnung ist wie …

Liebeskummer
Im Auto der Schlepper hat Akbar einen dicken Kloß im Hals, wenn er an Khadija denkt (S. 34). Akbar hat Liebeskummer. Hattest du schon einmal Liebeskummer? Wie fühlt sich das an? Was hilft gegen Liebeskummer?

Warnhinweis gestalten
Entwerft einen Informationstext, der auf die Gefahren hinweist, sich einem Schlepper anzuvertrauen.

Recherche

Schleuser
In den Medien wird immer wieder über Vorfälle berichtet, bei denen Flüchtlinge durch Schlepper in Lebensgefahr geraten oder gestorben sind (z. B. Artikel über Lkw-Unglück auf „ZEIT ONLINE": *www.zeit.de/gesellschaft/zeitgeschehen/2015-08/mehrere-tote-fluechtlinge-in-einem-lkw-in-oesterreich-gefunden*). Findet aktuelle Meldungen und untersucht sie nach folgenden Kriterien: Ort und Ablauf des Geschehens, betroffene Personengruppen, benutzte Fortbewegungsmittel.

Schleuser

Im sechsten und siebten Kapitel macht Akbar verschiedene Erfahrungen mit Schleusern.

Schleuser, die auch Schlepper, Menschenschmuggler oder Fluchthelfer genannt werden, sind Personen, die Flüchtlinge illegal und unter Umgehung gesetzlicher Einreisebeschränkungen in andere Staaten bringen. Sie verlangen für ihre Dienste häufig mehrere Tausend Euro. Die Flüchtlinge werden heimlich über die Landesgrenze geschleust oder geschmuggelt. Meist werden die Menschen im Kofferraum eines Autos oder im Laderaum eines Lastwagens versteckt. Wegen der verstärkten Bewachung der Grenzen und Kontrollen wählen zahlreiche Schleuser den Weg über das Mittelmeer. Die Flüchtlinge werden auf Schiffe oder Schlauchboote gebracht, die dann die Küste eines europäischen Landes ansteuern. Manchmal werden sie mitten im Meer zurückgelassen. Es kommt auch vor, dass Boote kentern und die Menschen ertrinken. Fluchthilfe gilt als organisierte Kriminalität. Doch Schleuser verfolgen nicht immer finanzielle Interessen – manche wollen einfach nur helfen.

1. Verbinde die passenden Satzteile und schreibe die Sätze in dein Heft.

Flüchtlinge haben keine Möglichkeit,	damit sie über die Grenzen können.
Schleuser besorgen den Flüchtlingen falsche Papiere,	um der Gefahr der Entdeckung zu entgehen.
Die Geschleppten sind häufig Menschen,	die ihr Herkunftsland aus wirtschaftlichen oder politischen Gründen verlassen wollen.
Meist agieren die Schleuser nachts,	müssen mit Freiheitsstrafen bis zu fünf Jahren oder mit Geldstrafen rechnen.
Für ihre Vermittlung verlangen sie	wird von Fluchtwilligen selbst aufgebaut und aufrechterhalten.
Skrupellos handelnde Schlepper	als Gegenleistung hohe Geldsummen.
Schleuser, die in Deutschland verurteilt werden,	legal nach Deutschland zu kommen.
Eine Vielzahl der organisierten Netzwerke von Schleppern	bringen die Flüchtlinge in Lebensgefahr.

2. Sind Schleuser gewissenlose Kriminelle oder humanitäre Helfer? Schreibe eine eigene Einschätzung.

____

____

____

____

Flucht mit Reza

Im achten und neunten Kapitel sind Akbar und Reza Gefährten auf der Flucht – bis sich ihre Wege am Ende des neunten Kapitels wieder trennen.

Der Weg durch das Labyrinth führt nur an richtigen Sätzen vorbei. Zeichne ihn ein.

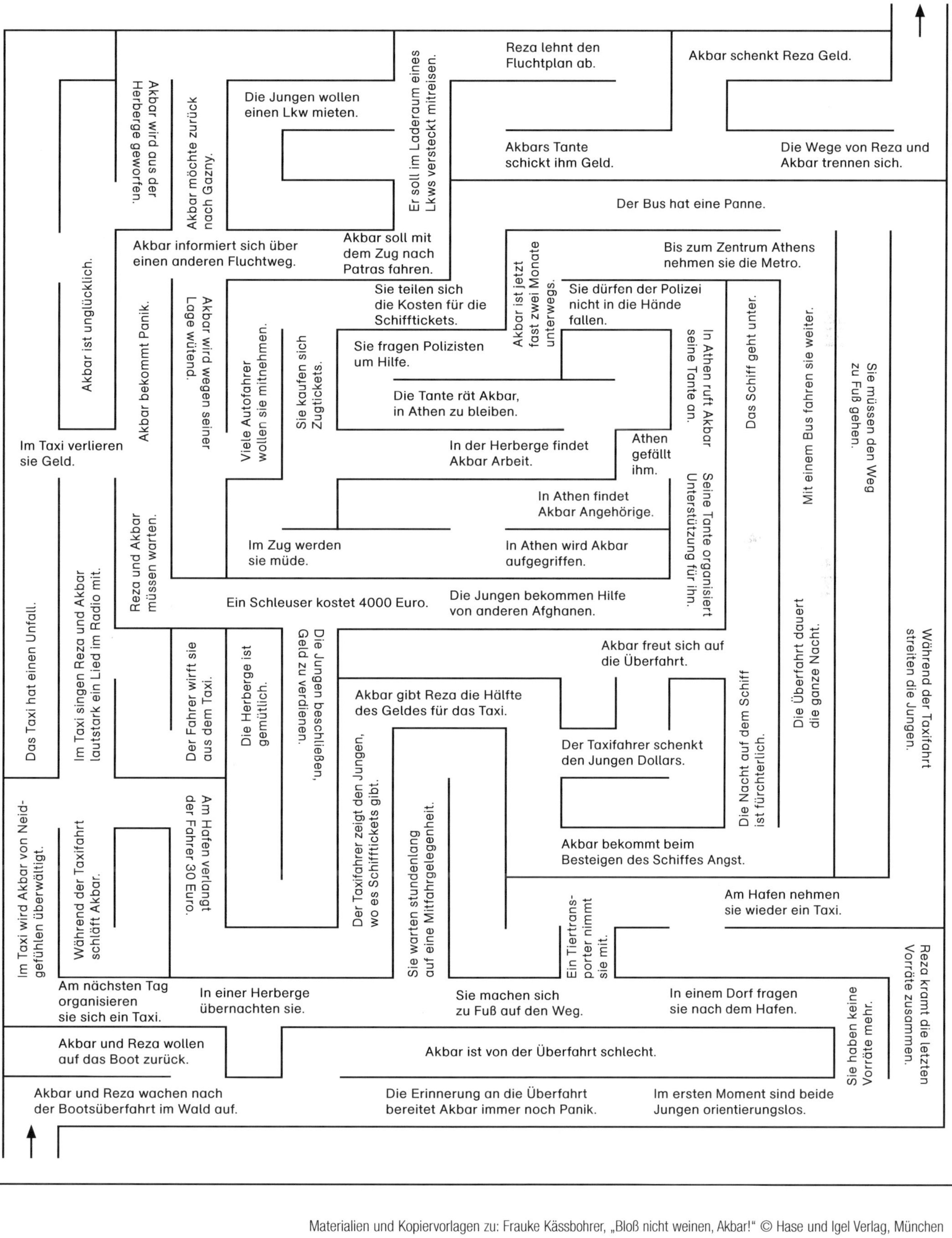

Akbar wird aus der Herberge geworfen.

Akbar möchte zurück nach Gazny.

Die Jungen wollen einen Lkw mieten.

Er soll im Laderaum eines Lkws versteckt mitreisen.

Reza lehnt den Fluchtplan ab.

Akbar schenkt Reza Geld.

Akbars Tante schickt ihm Geld.

Die Wege von Reza und Akbar trennen sich.

Der Bus hat eine Panne.

Akbar informiert sich über einen anderen Fluchtweg.

Akbar soll mit dem Zug nach Patras fahren.

Akbar ist jetzt fast zwei Monate unterwegs.

Bis zum Zentrum Athens nehmen sie die Metro.

Akbar ist unglücklich.

Akbar bekommt Panik.

Akbar wird wegen seiner Lage wütend.

Viele Autofahrer wollen sie mitnehmen.

Sie kaufen sich Zugtickets.

Sie teilen sich die Kosten für die Schifftickets.

Sie dürfen der Polizei nicht in die Hände fallen.

Sie fragen Polizisten um Hilfe.

In Athen ruft Akbar seine Tante an.

Das Schiff geht unter.

Mit einem Bus fahren sie weiter.

Sie müssen den Weg zu Fuß gehen.

Die Tante rät Akbar, in Athen zu bleiben.

Im Taxi verlieren sie Geld.

In der Herberge findet Akbar Arbeit.

Athen gefällt ihm.

In Athen findet Akbar Angehörige.

Seine Tante organisiert Unterstützung für ihn.

Reza und Akbar müssen warten.

Im Zug werden sie müde.

In Athen wird Akbar aufgegriffen.

Ein Schleuser kostet 4000 Euro.

Die Jungen bekommen Hilfe von anderen Afghanen.

Das Taxi hat einen Unfall.

Im Taxi singen Reza und Akbar lautstark ein Lied im Radio mit.

Der Fahrer wirft sie aus dem Taxi.

Die Herberge ist gemütlich.

Die Jungen beschließen, Geld zu verdienen.

Akbar freut sich auf die Überfahrt.

Die Überfahrt dauert die ganze Nacht.

Während der Taxifahrt streiten die Jungen.

Akbar gibt Reza die Hälfte des Geldes für das Taxi.

Die Nacht auf dem Schiff ist fürchterlich.

Der Taxifahrer schenkt den Jungen Dollars.

Im Taxi wird Akbar von Neidgefühlen überwältigt.

Während der Taxifahrt schläft Akbar.

Am Hafen verlangt der Fahrer 30 Euro.

Der Taxifahrer zeigt den Jungen, wo es Schifftickets gibt.

Sie warten stundenlang auf eine Mitfahrgelegenheit.

Akbar bekommt beim Besteigen des Schiffes Angst.

Am Hafen nehmen sie wieder ein Taxi.

Ein Tiertransporter nimmt sie mit.

Reza kramt die letzten Vorräte zusammen.

Am nächsten Tag organisieren sie sich ein Taxi.

In einer Herberge übernachten sie.

Sie machen sich zu Fuß auf den Weg.

In einem Dorf fragen sie nach dem Hafen.

Sie haben keine Vorräte mehr.

Akbar und Reza wollen auf das Boot zurück.

Akbar ist von der Überfahrt schlecht.

Akbar und Reza wachen nach der Bootsüberfahrt im Wald auf.

Die Erinnerung an die Überfahrt bereitet Akbar immer noch Panik.

Im ersten Moment sind beide Jungen orientierungslos.

Zauberworte

Im achten und neunten Kapitel bringen zahlreiche sprachliche Mittel Akbars Gefühlslage zum Ausdruck.

1. Unterstreiche das Stilmittel im Beispielsatz, benenne es und beschreibe seine Wirkung.

Textstelle	Stilmittel	Wirkung
Die Sonne schien, die Vögel zwitscherten, alles sah sehr friedlich aus und hätte uns noch mehr gefallen, … (S. 49)	Aufzählung	Die Erleichterung der beiden Jungen nach der Überfahrt mit dem Schiff wird hervorgehoben.
… wenn sich nicht immer beharrlicher der Hunger gemeldet hätte. (S. 49)		
Aber Taxi, ja, dann Schiff, dann Bahn, dann große Stadt. (S. 50)		
Sie wählte, sprach ein paar Zauberworte und kurz darauf hielt ein Taxi neben uns an. (S. 51)		
Dann bedeutete er uns, immer noch wütend, endlich auszusteigen. (S. 53)		
Wir suchten uns einen Platz. Wir hatten keine Ahnung, wie lange wir fahren würden. (S. 54)		
Mein Herz klopfte bis zum Hals, als ich dem Klingelton lauschte und verzweifelt betete. (S. 56)		
Wir suchten uns ein ruhiges Fleckchen, setzten uns auf den Boden und der Mann begann [zu sprechen]. (S. 60)		

2. Suche im Buch weitere Beispiele für die Stilmittel und schreibe sie in dein Heft.

10. bis 15. Kapitel: Allein durch Europa

Inhalt

(10) In Patras trifft Akbar auf den Afghanen Hadji Hadji, der ihn mit dem Nötigsten versorgt und ihm Tipps für die Flucht mit dem Lastwagen gibt. Akbar schließt sich einer Gruppe junger Männer an, die versuchen, auf wartende Lkws zu springen und in den Laderaum zu gelangen.

(11) Nach einigen Wochen und zahlreichen Versuchen gelingt es Akbar schließlich, in den Frachtraum eines Lkws zu klettern. Zu spät bemerkt er, dass es sich um einen Kühllaster handelt. Akbar droht zu erfrieren. Er wird jedoch rechtzeitig vom Fahrer entdeckt und versorgt.

(12) Der Lkw-Fahrer bringt Akbar zum Bahnhof und Akbar fährt mit dem Zug nach Rom. Von seiner Tante bekommt er am Telefon den Tipp, in einem Park nach Landsleuten zu suchen. Dort freundet er sich mit dem afghanischen Jungen Hassan an, der ihm alles zeigt.

(13) Akbar muss in Rom einige Wochen auf Geld von seiner Tante warten. Der Ladenbesitzer Samir hilft ihm bei der Planung der weiteren Fluchtroute und beim Kauf einer Zugfahrkarte über Paris in Richtung Skandinavien.

(14) Es gelingt Akbar, während der Zugfahrt unentdeckt zu bleiben. In Paris trifft er auf andere Afghanen. Mit ihrer Hilfe findet er Unterkunft und Verpflegung in einem Camp und in einer Kirche.

(15) In Begleitung eines anderen Afghanen fährt Akbar mit dem Zug nach Hannover. Die erste Passkontrolle bleibt ohne Folgen. Auf der Weiterfahrt nach Kopenhagen wird er erneut von der Polizei überprüft und muss den Zug mit den Beamten verlassen.

Unterrichtsschwerpunkte

- Mutproben und Verzweiflungstaten
- Einzelkämpfer und Teamplayer
- Hilfe bei der Flucht

Zu den Kopiervorlagen

Mut oder Wahnsinn

Dieses Arbeitsblatt regt Ihre Schüler dazu an, sich mit dem Unterschied zwischen mutigen und lebensgefährlichen Handlungen auseinanderzusetzen. In der ersten Aufgabe markieren sie inhaltliche Fehler in einem Text, den sie anschließend zu einer richtigen Version umformulieren. Die dritte Aufgabe stellt einen Bezug zur Lebenswelt der Jugendlichen her, indem sie das Thema „Mutproben" ins Blickfeld rückt. Zuletzt sollen sie die Motivation von Akbar und von Jugendlichen allgemein bei lebensgefährlichen Mutproben miteinander vergleichen. Weitere Anregungen zum Thema finden Sie in den Abschnitten „Recherche" und „Kreativ aktiv" (S. 34).

Lösung

Aufgabe 1:

An allen Straßenkreuzungen rund um den Hafen von Patras ist für ~~Autofahrer~~ besondere Vorsicht geboten. Eine ~~Bande Jugendlicher~~ versucht, ~~gewaltsam~~ in Fahrzeuge einzudringen. ~~In Gruppen von mehreren Personen springen sie aus dem Gebüsch und schlagen mit Stöcken und anderen Gegenständen auf die Autos ein~~. Bei einigen Lastwagen haben die jungen Männer bereits erfolgreich ~~die Ladung entwendet~~.

Aufgabe 2:

An allen Straßenkreuzungen rund um den Hafen von Patras versuchen junge Flüchtlinge, auf Lastwagen aufzuspringen. Sie laufen bei Rot zu den Fahrzeugen und testen, ob sie abgeschlossen sind. Ihr Ziel ist es, ins Innere des Laderaums zu gelangen, um unbemerkt über das Mittelmeer zu reisen.

Aufgabe 3:

	Mut	Wahnsinn	Sonstiges
Schwarzfahren			ungefährlich, aber illegal
Parkour	x		
S-Bahn-Surfen		x	
Bungee-Jumping	x		
Car-Rafting		x	
Graffiti-Sprayen			ungefährlich, aber illegal

Weitere Beispiele für gefährliche Mutproben: Autodiebstahl, Autorennen, Einbrüche.

Aufgabe 4:

Variante 1: Ja, ich stimme der Autorin zu. Warum flieht Akbar, um sein Leben zu retten, und setzt es dann durch solche Aktionen wieder aufs Spiel? Er testet seine Grenzen – so wie andere Jugendliche auch.

Variante 2: Nein, ich stimme der Autorin nicht zu. Akbar befindet sich in einer Notsituation, er hat keine andere Möglichkeit, über das Mittelmeer an sein Ziel zu kommen. Dadurch unterscheidet er sich von Jugendlichen, die sich aus Langeweile oder Gruppendruck auf lebensgefährliche Mutproben einlassen.

KV Seite 37

Ein blinder Passagier

Eine wirkungsvolle Methode im handlungs- und produktionsorientierten Literaturunterricht ist es, eine Textpassage aus der Sicht einer anderen Figur erzählen zu lassen. Anhand dieses Arbeitsblatts betrachten die Schüler das Geschehen aus der Perspektive des Lastwagenfahrers, der Akbar – zunächst ohne es zu wissen – im Laderaum transportiert. Im ersten Arbeitsauftrag sind mögliche Gedanken des Fahrers vorgegeben, die mit passenden Textstellen aus dem elften Kapitel belegt werden müssen. So trainieren die Schüler ihre Lesekompetenz. Im zweiten Schritt wird die Aufgabe umgedreht: Anhand vorgegebener Textstellen sollen sich die Schüler in die Situation des Lkw-Fahrers versetzen. Dabei sind sowohl Kreativität als auch Empathie gefragt.

Lösung

Aufgabe 1:

Gedanken des Fahrers	Akbars Perspektive
„Seltsam, irgendetwas im Laderaum scheint locker zu sein, ich höre die ganze Zeit ein Scheppern."	Immer wieder holte ich aus, um mit dem Rohr auf die Wand einzuschlagen. (S. 76)
„Ich muss da jetzt mal nachschauen, besser, ich halte den Wagen an."	Irgendwann merkte ich, dass der Motor ausgestellt worden war. (S. 76)
„Du meine Güte, was ist denn das? Da ist ja jemand bei mir im Lastwagen!"	Und dann wurde die Tür geöffnet! Ich erblickte einen Mann, der bei meinem Anblick laut aufschrie. (S. 76)
„Ich glaub es nicht, da sitzt ein Junge zwischen den Kisten!"	Als die Tür dann wieder aufging und ich eine Leiter erblickte, auf der derselbe Mann stand, der vorhin geschrien hatte und der mich nun anglotzte, als sei ich ein Gespenst, hob ich nur schwach bittend meine Hände in die Luft. (S. 76/77)
„Egal, was ich für Probleme bekomme, ich muss ihm helfen, er ist doch fast erfroren. Er sieht fürchterlich aus."	Er hob mich hoch wie ein Paket, legte mich über seine Schulter, stieg vorsichtig mit mir die Leiter hinunter und setzte mich am Bordstein ab. (S. 77)

Aufgabe 2:

Gedanken des Fahrers	Akbars Perspektive
„Ich muss ihn zuerst mal warm halten, er ist bestimmt ganz ausgekühlt. Wie lange er wohl schon im Laderaum war?"	Der Fahrer legte eine Decke um meine Schultern, redete die ganze Zeit beruhigend in einer mir unbekannten Sprache auf mich ein und brachte mir dann Tee.
„Der Junge hat ja gar keine Kraft mehr. Er ist so schwach, dass er die Tasse gar nicht halten kann."	Er hielt mir die Tasse vor den Mund und ich trank in kleinen Schlucken. Meine Hände zitterten so sehr, dass ich die Tasse nicht halten konnte.
„Ich weiß nicht, was er durchgemacht hat, aber es muss schrecklich gewesen sein. Er ist mit den Nerven völlig am Ende."	Bald schluchzte ich so laut, dass es mir peinlich war, aber ich konnte nicht anders.
„Der arme Kerl, er tut mir schrecklich leid. Ich hoffe, er kommt bald wieder zu Kräften."	Der Mann streichelte unbeholfen meinen Kopf und gab mir immer wieder zu trinken.
„Ich muss sehen, wie ich ihm helfen kann, er muss doch irgendwo hingehören. Hoffentlich haut er nicht ab."	Dann bedeutete er mir, schön sitzen zu bleiben, und verschwand für ein paar Minuten.
„Vielleicht kann er mir ja sagen, wo er herkommt oder wohin er will."	Er kam mit einer Landkarte zurück und deutete fragend darauf.

Einzelkämpfer oder Teamplayer?

Diese Kopiervorlage bietet die Möglichkeit, die Lektüre unter dem Aspekt „Alleinsein/Zusammensein" zu untersuchen und einen Bezug zur Lebenswelt der Jugendlichen herzustellen. In der ersten Aufgabe werden Ihre Schüler zu einer intensiven Arbeit mit einzelnen Textabschnitten aufgefordert, um Akbars Statement über Flüchtlinge als Einzelkämpfer zu hinterfragen. Auf der Grundlage ihrer Figurenkenntnis sollen sie in der zweiten Aufgabe eine Einschätzung über Akbar formulieren. Kämpft er für sich allein? Oder ist er ein Teamplayer? In der dritten Aufgabe überlegen sich die Jugendlichen, was sie lieber mit anderen und was sie lieber allein machen. So wird ein Anlass geboten, über die eigenen Bedürfnisse zu sprechen.

Lösung

Aufgabe 1:

Siebtes Kapitel, Seite 42–47
Begegnung mit Reza: Als Akbar und Reza sich begegnen, freunden sie sich schnell an. Die beiden Jungen haben gemeinsam weniger Angst, sprechen sich gegenseitig Mut zu, spornen sich an und vertreiben sich die Wartezeit.

Neuntes Kapitel, Seite 58–61
Solidarität der Afghanen: Die afghanischen Flüchtlinge in Athen helfen einander. Ein älterer Mann gibt Akbar einen Rat, wie er seine Flucht fortsetzen kann.

Zwölftes Kapitel, Seite 83/84
Begegnung mit Hassan: Hassan zeigt Akbar in Rom alle lebenspraktischen Dinge in der Umgebung und wird zu einem guten Kameraden.

Aufgabe 2:

Meiner Meinung nach ist Akbar ein Teamplayer. Er möchte seine Reise lieber mit Weggefährten fortsetzen als alleine. Im neunten Kapitel berichtet er Reza von der möglichen Flucht mit dem Lastwagen (S. 61). Unter den Afghanen in Rom sucht er im 13. Kapitel nach einem Begleiter für die Zugfahrt nach Paris (S. 87). Im 15. Kapitel spricht er einen anderen ausländischen Jungen an und ist enttäuscht, als dieser lieber alleine weiterfahren will (S. 98/99).

Aufgabe 3:

individuelle Lösung

Fluchthilfen

KV Seite 39

Akbar erlebt bei seiner Flucht verschiedene gefährliche Situationen, in denen er entdeckt werden könnte. Um das zu verhindern, entwickelt er kluge Strategien. Nicht zuletzt gelingt ihm sein Vorhaben durch die Hilfe anderer Menschen. Das Arbeitsblatt ermöglicht es den Schülern, ihr Wissen über wichtige Beziehungen des Protagonisten zu anderen Figuren zu vertiefen. Außerdem vergegenwärtigen sie sich, wie wichtig Unterstützung und Gemeinschaft für Akbars erfolgreiche Flucht waren. Bei der letzten Aufgabe versetzen sich die Jugendlichen in seine Lage und schreiben einen Dankesbrief an einen der Helfer. Dieser sollte rückblickend verfasst werden, also zu einem Zeitpunkt, an dem Akbar schon in Deutschland ist. Dabei können sich die Schüler an den Ergebnissen der zweiten Aufgabe orientieren.

Lösung

Aufgabe 1:

a) Die wichtigste Regel ist: Verhalte dich unauffällig.
b) Suche dir am besten einen Eckplatz und wechsle regelmäßig den Sitz.
c) Sollten Kontrolleure kommen, verstecke dich auf der Toilette.
d) Spritze dir gegen die Müdigkeit kaltes Wasser ins Gesicht.
e) Bedecke dein Gesicht mit einem Kleidungsstück, um dein ausländisches Aussehen zu verbergen.
f) Reise mit wenig Gepäck, damit du schnell flüchten kannst.

Aufgabe 2:

	Tante Sarah	Reza	Lkw-Fahrer	Hadji Hadji	Afghanen
Mut machende Worte und emotionale Sicherheit	x	x	x		x
Hinweise, wo man einen Platz zum Schlafen findet				x	x
Vorschläge, wie die Flucht weitergehen soll	x	x		x	x
Auskunft über Kontakte, an die Akbar sich wenden kann	x				
Geldbeträge	x		x		
Tipps für das Aufspringen auf einen Lastwagen				x	
Essen und Getränke	x		x	x	

Aufgabe 3:
individuelle Lösung

Gesprächs- und Schreibanlässe

Eiseskälte – ein Rondell
Schreibe über Akbars Fahrt im Kühllaster ein Rondell, das seine Gefühle zum Ausdruck bringt. Ein Rondell ist ein achtzeiliges Gedicht. In der zweiten, vierten und siebten Zeile steht immer derselbe Satz, zu dem die anderen Zeilen und die Überschrift passen. Beginne z. B. so:

Eiseskälte
Eisige Finger greifen nach mir.
Es ist so furchtbar kalt.
…
Es ist so furchtbar kalt.
…

Redewendungen
Findet in Partnerarbeit fünf Redewendungen, die aus dem Wortfeld „Kälte" stammen. Bildet damit Sätze zur Lektüre. Beispiele:

- Bei dem Gedanken an seine ungewisse Zukunft bekommt Akbar kalte Füße.
- Die Schleuser lässt es scheinbar kalt, dass die Flüchtlinge Angst vor ihnen haben.

Monolog des Lastwagenfahrers
Verfasse einen inneren Monolog des Lastwagenfahrers, nachdem er sich von Akbar verabschiedet hat.

Merkmale eines inneren Monologs
- längeres Selbstgespräch, in dem die Gefühle und Gedanken einer Figur deutlich werden
- wird aus der Ich-Perspektive, in direkter Rede und im Präsens verfasst
- kann sprunghaft und ungeordnet verschiedene Gedanken aneinanderreihen
- enthält häufig unvollständige Sätze
- hat keinen unmittelbaren Adressaten

Weggefährten
Welche der Personen, denen Akbar auf seiner Flucht begegnet, sind dir am sympathischsten, welche am unsympathischsten? Begründe deine Meinung anhand von Textstellen.

Schweigen
Als Akbar gemeinsam mit der Familie seiner Tante Afghanistan verlässt, erzählt diese ihm nicht, dass seine Eltern und Geschwister verschwunden sind. Zu diesem Zeitpunkt ist Akbar noch sehr jung. Aber auch viel später, als der 16-Jährige allein auf der Flucht ist, verschweigt Tante Sarah ihm die Wahrheit: Sie erzählt ihm nichts von dem Unfalltod des Onkels. Diskutiert, was sie dazu veranlasst haben könnte.

Recherche

Initiationsriten
Mutproben erinnern an Initiationsriten, bei denen sich junge Männer einer Gefahr aussetzen müssen, um sich zu beweisen. Recherchiert, bei welchen Völkern und in welchen Kulturen solche Rituale stattfinden und welche Aufgaben ausgeführt werden müssen.

Statistiken zu Mutproben im Straßenverkehr
Durch gefährliche Mutproben kommt es regelmäßig zu verheerenden Unfällen mit Todesfolge, z. B. weil jugendliche Autofahrer ihr Können überschätzt haben oder ohne Fahrerlaubnis gefahren sind. Sucht aktuelle Statistiken über derartige Unfälle. Welche Gründe werden für das risikofreudige Verhalten Jugendlicher angegeben? Recherchiert auch, unter welchen familiären, sozialen und wirtschaftlichen Bedingungen Jugendliche leben, die sich und andere in Gefahr bringen. Stellt eure Ergebnisse auf einer DIN-A4-Seite zusammen.

Kreativ aktiv

Ein Plakat entwerfen
Entwerft ein Plakat, das vor Mutproben warnt. Entwickelt einen schlagkräftigen Slogan und gestaltet euer Poster mit einprägsamen Bildern.

Einen Rapsong verfassen
Schreibt einen Raptext, der vor riskanten Mutproben warnt. Dazu könnt ihr auf einen Zeitungsartikel über

einen Unglücksfall zurückgreifen. Sucht wichtige Passagen heraus und formuliert diese dann entsprechend um.

Eine Reportage vorbereiten

Gestaltet eine Reportage über Akbars Sprung auf den Kühllaster und die Fahrt darin. Stellt euch vor, ihr könntet ihn und den Lkw-Fahrer interviewen, nachdem dieser Akbar befreit hat. Bildet zwei bis drei Gruppen und verteilt in jedem Team folgende Rollen:

- Akbar und der Lastwagenfahrer
- Reporter, der das Interview führt
- junge Männer, die ebenfalls versucht haben, in den Laderaum eines Lastwagens zu gelangen
- Augenzeugen, die die Sprünge der jungen Männer beobachtet haben
- Psychologe, der über die Folgen traumatischer Erfahrungen berichtet
- Nachrichtensprecher, der die Reportage ankündigt und kommentiert

Tragt eure Reportage entweder als Rollenspiel vor oder macht ein Video, das ihr der Klasse dann präsentiert.

Merkmale einer Reportage

- informiert auf sachliche und anschauliche Weise über ein Ereignis
- kombiniert Beobachtungen des Reporters, Hintergrundinformationen und Berichte von Augenzeugen
- vermittelt die Atmosphäre des Geschehens
- appelliert an die Gedanken und Gefühle des Lesers
- lässt persönliche Wertung oder Beurteilung des Verfassers einfließen

Mut oder Wahnsinn?

1. Korrigiere die folgende Meldung. Streiche alle Textstellen durch, die nicht der Handlung im zehnten Kapitel entsprechen.

An allen Straßenkreuzungen rund um den Hafen von Patras ist für Autofahrer besondere Vorsicht geboten. Eine Bande Jugendlicher versucht, gewaltsam in Fahrzeuge einzudringen. In Gruppen von mehreren Personen springen sie aus dem Gebüsch und schlagen mit Stöcken und anderen Gegenständen auf die Autos ein. Bei einigen Lastwagen haben die jungen Männer bereits erfolgreich die Ladung entwendet.

2. Formuliere eine richtige Version der Meldung in deinem Heft.

3. Immer wieder setzen sich Jugendliche freiwillig Risiko- und Extremerlebnissen aus. Kreuze an, ob es sich bei den folgenden Beispielen um Mut oder Wahnsinn handelt. Nutze die rechte Spalte bei Bedarf für alternative Bezeichnungen. Ergänze die Liste mit weiteren „Mutproben".

	Mut	Wahnsinn	Sonstiges
Schwarzfahren			
Parkour			
S-Bahn-Surfen			
Bungee-Jumping			
Car-Rafting			
Graffiti-Sprayen			

4. Frauke Kässbohrer spricht bei Akbars gefährlichen Aktionen von „jugendliche[m] Leichtsinn" (S. 70). Stimmst du der Autorin zu? Was unterscheidet Akbars Motivation von der eines Jugendlichen in einer normalen Lebenslage?

Ein blinder Passagier

1. Notiere neben den möglichen Gedanken des Lastwagenfahrers die passenden Schilderungen Akbars aus dem Buch. Orientiere dich an dem Beispiel.

Gedanken des Fahrers	Akbars Perspektive
„Seltsam, irgendetwas im Laderaum scheint locker zu sein, ich höre die ganze Zeit ein Scheppern."	Immer wieder holte ich aus, um mit dem Rohr auf die Wand einzuschlagen. (S. 76)
„Ich muss da jetzt mal nachschauen, besser, ich halte den Wagen an."	
„Du meine Güte, was ist denn das? Da ist ja jemand bei mir im Lastwagen!"	
„Ich glaub es nicht, da sitzt ein Junge zwischen den Kisten!"	
„Egal, was ich für Probleme bekomme, ich muss ihm helfen, er ist doch fast erfroren. Er sieht fürchterlich aus."	

2. Versetze dich in die Situation des Lkw-Fahrers. Was könnte er in den folgenden Situationen gedacht haben? Die Textstellen findest du im Buch auf Seite 77.

Gedanken des Fahrers	Akbars Perspektive
„Ich muss ihn zuerst mal warm halten, er ist bestimmt ganz ausgekühlt. Wie lange er wohl schon im Laderaum war?"	Der Fahrer legte eine Decke um meine Schultern, redete die ganze Zeit beruhigend in einer mir unbekannten Sprache auf mich ein und brachte mir dann Tee.
	Er hielt mir die Tasse vor den Mund und ich trank in kleinen Schlucken. Meine Hände zitterten so sehr, dass ich die Tasse nicht halten konnte.
	Bald schluchzte ich so laut, dass es mir peinlich war, aber ich konnte nicht anders.
	Der Mann streichelte unbeholfen meinen Kopf und gab mir immer wieder zu trinken.
	Dann bedeutete er mir, schön sitzen zu bleiben, und verschwand für ein paar Minuten.
	Er kam mit einer Landkarte zurück und deutete fragend darauf.

Einzelkämpfer oder Teamplayer?

1. Suche Textabschnitte, die Akbars Gedanken auf der Flucht widerlegen (S. 35). Nenne jeweils die Seitenzahl und begründe deine Auswahl.

Siebtes Kapitel, Seite ______________

____

____

Neuntes Kapitel, Seite ______________

____

____

Zwölftes Kapitel, Seite ______________

____

____

2. Ist Akbar ein Einzelkämpfer oder ein Teamplayer? Notiere deine Meinung und belege sie mit zwei Textstellen. Schreibe in dein Heft.

3. Was machst du lieber mit anderen, was lieber allein? Kreuze an. Sprecht anschließend darüber.

Situation	mit anderen	allein	mal so, mal so
im Wald spazieren gehen			
ein Buch lesen			
für eine Mathearbeit lernen			
am Computer spielen			
ins Kino gehen			
eine Entscheidung treffen			
einkaufen gehen			
in den Urlaub fahren			
im Café sitzen			
ein Rätsel lösen			

Fluchthilfen

Im 14. Kapitel fährt Akbar mit dem Zug von Rom nach Paris. Dabei darf er auf keinen Fall entdeckt werden.

1. Worauf muss Akbar achten? Wandle die Stichwörter in Ratschläge um.

~~Verhalten~~ | Sitzplatz | Versteck | Müdigkeit | Kleidungsstücke | Gepäck

a) Die wichtigste Regel ist: Verhalte dich unauffällig.

b) ____________________

c) ____________________

d) ____________________

e) ____________________

f) ____________________

2. Akbar wird auf seiner Flucht von verschiedenen Menschen unterstützt. Kreuze an, von wem er wobei Hilfe bekommt.

	Tante Sarah	Reza	Lkw-Fahrer	Hadji Hadji	Afghanen
Mut machende Worte und emotionale Sicherheit					
Hinweise, wo man einen Platz zum Schlafen findet					
Vorschläge, wie die Flucht weitergehen soll					
Auskunft über Kontakte, an die Akbar sich wenden kann					
Geldbeträge					
Tipps für das Aufspringen auf einen Lastwagen					
Essen und Getränke					

3. Schreibe aus Akbars Perspektive einen kurzen Dankesbrief an einen seiner Helfer in dein Heft.

16. Kapitel: Leben in Deutschland

Inhalt

(16) Akbar schildert in diesem Kapitel seine Erfahrungen in Deutschland. Nachdem die Polizei ihn im Dezember 2009 im Zug aufgegriffen hat, lebt er erst in einem Jugendheim in Lensahn und später in einer Wohngemeinschaft. In der Schule begegnet er Frau Kässbohrer, die ihm von nun an regelmäßig zusätzlichen Deutschunterricht gibt.

Nach seiner Anhörung im Sommer 2010 erhält Akbar das Recht auf einen zunächst einjährigen Aufenthalt. Mit 18 Jahren zieht er in eine Ein-Zimmer-Wohnung. Seinen Plan, den Hauptschulabschluss zu machen, muss er verschieben. In der Zwischenzeit absolviert er verschiedene Praktika, übt Deutsch und besucht einen dreimonatigen Sprachkurs.

Ab August 2012 geht Akbar auf die Hauptschule, später auf die Realschule. Dort lernt er Kim kennen und kommt mit ihr zusammen. Mit der Hilfe von Frau Kässbohrer fängt er an, seine Fluchtgeschichte aufzuschreiben. Im Januar 2015 überreicht sie Akbar das fertige Buch und er möchte es veröffentlichen. Die beiden vertreiben es in ihrem Bekanntenkreis, später beginnen sie, öffentliche Lesungen zu halten. Noch bevor Akbar die Schule im Juni 2015 erfolgreich besteht, findet er einen Ausbildungsplatz im Bereich Elektronik.

Unterrichtsschwerpunkte

- Erfahrungen in der neuen Umgebung
- Krisen und Erfolgserlebnisse
- Struktur des Buches
- die Autorin kennenlernen
- Lektürebewertung

Zu den Kopiervorlagen

Deutsch ist eine schwere Sprache

Die deutsche Sprache bereitet beim Erlernen viele Schwierigkeiten. Zunächst sollen sich die Schüler mithilfe dieses Arbeitsblatts mögliche Hürden bewusst machen. Dazu lesen sie einen ironischen Text des amerikanischen Schriftstellers Mark Twain und überlegen, welche Schwierigkeiten es beim Spracherwerb geben könnte. Auf der Grundlage von Akbars Erfahrungen sammeln sie dann praktische Vorschläge, wie sie als Klasse oder als Einzelne Flüchtlinge beim Deutschlernen unterstützen können.

Lösung

Aufgabe 1:
- keine Regelmäßigkeit bei den Artikeln (z. B. der Mann, die Tochter, das Haus)
- Artikel- und Adjektivdeklination (z. B. Nominativ: der schöne Garten, Genitiv: des schönen Gartens, Dativ: dem schönen Garten, Akkusativ: den schönen Garten)
- Verbformen werden unregelmäßig gebeugt, Zeitstufen mit Hilfswörtern gebildet (z. B. ich esse, ich aß, ich habe gegessen)
- Nomen werden bei der Bildung aneinandergereiht (z. B. Donaudampfschifffahrtskapitänsmütze)

Aufgabe 2:
- Besuch einer Schule im normalen Klassenverband
- Sonderunterricht bei Frauke Kässbohrer
- Besuch eines dreimonatigen Sprachkurses
- Gespräche mit Frauke Kässbohrer und Arbeit am Buch

Aufgabe 3:
- Deutschnachhilfe
- Unterstützung bei den Hausaufgaben
- Briefe, E-Mail-Austausch
- gemeinsame Freizeitaktivitäten: Lesegruppen, Spiele, Sport, Filme schauen, in Cafés treffen, kreative Arbeiten etc.

Neu in der Schule

Dieses Arbeitsblatt regt dazu an, am Beispiel Akbars über Chancen und Schwierigkeiten von Flüchtlingskindern im deutschen Bildungssystem nachzudenken. Darüber hinaus ist die Kreativität und Empathie Ihrer Schüler gefragt, wenn sie einen Dialog zwischen Akbar und Reza verfassen. Darin sollen die Unterschiede zwischen dem deutschen Schulalltag und dem Schulleben, wie die beiden es aus ihrer Heimat kennen, zum Ausdruck kommen.

Lösung

Aufgabe 1:

„In zwei, drei Jahren von null Deutsch (...)." – Trifft zu. Akbar macht seinen Abschluss innerhalb von drei Jahren.

„Sie machen große Fortschritte (...)." – Trifft überwiegend zu. Akbar muss immer wieder Phasen der Frustration überwinden. Er braucht viel Unterstützung und Zusprache.

„Migrantenschüler können problemlos (...)." – Trifft teilweise zu. Am Anfang hat Akbar Probleme, dem Unterricht zu folgen. Deshalb ist er manchmal überfordert und frustriert.

„Zwei Drittel der Flüchtlinge aus Syrien (...)." – Trifft zu. Akbar hat zwar die Koranschule besucht, hat aber darüber hinaus keine Schulbildung.

„Sie wollen etwas erreichen (...)." – Trifft zu. Akbar möchte sich durch seine Erfolge bei seiner Tante und den anderen Unterstützern bedanken und diese stolz machen.

Aufgabe 2:
individuelle Lösung

Erfolge und Enttäuschungen
Die Schüler rekapitulieren hier die Ereignisse des 16. Kapitels. Sie schätzen ein, ob Akbars Leben in Deutschland eher von Krisen oder Fortschritten geprägt ist. Ihre Ergebnisse tragen sie in ein Koordinatensystem ein und verbinden die Kreuze zu einer „Erfolgskurve". Auch wenn beim Setzen der Kreuze Varianten möglich sind, sollten die Schüler beim Vergleich ihrer Kurven erkennen, dass sich Akbar trotz der „Einbrüche" (emotionale Krisen und schulische Misserfolge) nicht demotivieren lässt. Die Unterstützung und Ermutigung durch andere und seine eigene Motivation geben ihm immer wieder die Kraft, Herausforderungen und Enttäuschungen zu meistern. Die positive Tendenz am Ende ist sehr deutlich.

Lösung
Aufgabe 1:

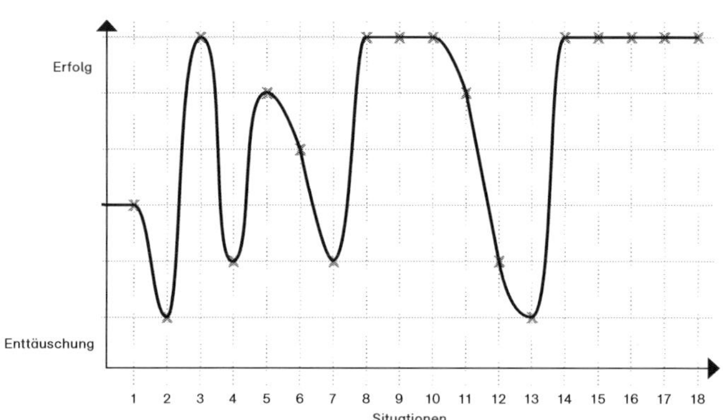

Die Stimme der Autorin
Mithilfe dieses Arbeitsblatts vergegenwärtigen sich Ihre Schüler die Erzählsituation des Buches. Frauke Kässbohrer hat als Autorin die Geschichte aufgeschrieben, die Akbar ihr erzählt hat. Darüber hinaus hat sie eigene Passagen ergänzt, deren Funktion und Wirkung hier im Fokus stehen. Durch die Bearbeitung der Aufgaben machen sich die Schüler den Unterschied zwischen Akbar Husseini als Erzähler und Frauke Kässbohrer als Autorin bewusst.

Lösung
Aufgabe 1:
a) Vorwort
b) Kapiteleinleitungen
c) Nachwort

Aufgaben 2, 3 und 4:
individuelle Lösungen

Frauke Kässbohrer
Eine Lehrerin wird – unverhofft – zur Buchautorin. Durch ihr ehrenamtliches Engagement in der Flüchtlingshilfe gewinnt Frauke Kässbohrer das Vertrauen und den Respekt von Akbar. Das Arbeitsblatt bietet den Schülern Informationen zur Autorin und soll dazu anregen, selbst aktiv Flüchtlinge zu unterstützen.

Lösung
Aufgabe 1:
geboren 1941; studierte Schulmusik und Englisch; Lehrerin; wurde im Jahr 2000 in den Ruhestand verabschiedet; ausgedehnte Reisen in die ganze Welt; engagiert sich ehrenamtlich; Flüchtlingsarbeit; „Bloß nicht weinen, Akbar!" ist ihr erstes Buch; großes Interesse; arbeitet zurzeit an einem weiteren Text über das Schicksal eines minderjährigen Afghanen; lebt in Lübeck

Aufgabe 2:
Frauke Kässbohrer unterrichtet Flüchtlinge und Asylbewerber in Deutsch. Sie hilft bei Alltagsproblemen und bei der Bewältigung behördlicher Themen.

Aufgabe 3:
nimmt sich regelmäßig viel Zeit; bietet lang andauernde, fundierte Unterstützung; hört zu, macht Mut, vermittelt Zuversicht; respektiert Akbars Entscheidungen; gibt ihm das Gefühl, nicht alleine zu sein

Aufgabe 4:
bei der Eingewöhnung in den Alltag helfen; Unterstützung beim Sprachunterricht; gemeinsame Unternehmungen planen und durchführen; sich Zeit nehmen; Verständnis zeigen

Deine Meinung ist gefragt
Anhand dieses Bewertungsbogens untersuchen die Schüler den Bericht nach der Lektüre unter den Aspekten Inhalt, Schreibstil und Wirkung. Das Ergebnis kann als Basis für eine ausformulierte Buchkritik dienen.

Gesprächs- und Schreibanlässe

Heimweh

Warum bekommt Akbar erst Heimweh, nachdem er in die WG in Eutin gezogen ist? Stellt Vermutungen an.

Abc-Gedicht

Verfasse ein Abc-Gedicht, das Akbars Erfahrungen in der Schule widerspiegelt. Schreibe dazu alle Buchstaben des Alphabets in einer Reihe untereinander. Ergänze dann zu möglichst jedem Buchstaben einen Begriff oder Satz.

Alles ist so schwierig.
Bloß nicht weinen!
…
Zielen zu folgen ist wichtig.

Tagebucheintrag

Akbar fragt Frauke Kässbohrer, ob sie seine Flucht aufschreiben würde. Stell dir vor, sie würde ihre Gedanken zu dieser Bitte in einem Tagebucheintrag festhalten. Was stünde darin?

Akbar hat seinen Abschluss geschafft

Schreibe eine Zeugnisbemerkung für Akbar. Beurteile seinen Fleiß, sein Engagement und seine sozialen Fähigkeiten. Berücksichtige dabei die Ausgangslage: Er ist ohne Schulbildung und Sprachkenntnisse nach Deutschland gekommen.

Recherche

Eine Schule auch für Flüchtlinge?

Wäre es an eurer Schule möglich, dass Flüchtlinge gemeinsam mit anderen Schülern unterrichtet werden? Berücksichtigt bei eurer Einschätzung folgende Aspekte:

- Klassenräume und Fachräume
- Aufenthaltsräume, Pausengestaltung, Essensangebot beim Pausenverkauf oder in der Mensa
- Betreuung und Unterricht durch speziell ausgebildete Lehrkräfte
- Jugendsozialarbeiter oder Psychologen für Hilfestellungen zur Bewältigung des Alltags
- Schulmaterialien, Bücher, Medien

Formuliert Vorschläge, wie eure Schule die Bedingungen verbessern könnte, falls dies notwendig ist.

Kreativ aktiv

Anhörung vor Gericht

Spielt die Anhörung Akbars in einer kurzen Szene nach. Beantwortet zur Vorbereitung folgende Fragen:

- Wie könnte diese Anhörung ablaufen?
- Was könnte in den einzelnen Personen vorgehen?
- Wie fühlen sie sich, was denken sie, wie reagieren sie?
- Wie erginge es dir an Akbars Stelle?

Fotostory zum Buch

Illustriert Akbars Flucht und sein Leben in Deutschland in Form einer Fotostory auf einem DIN-A3-Blatt.

- Wählt geeignete Situationen, Örtlichkeiten und Darsteller aus.
- Überlegt, was ihr an Requisiten / Kostümen braucht.
- Entwerft einige Skizzen zu den Szenen. Legt darin fest, welche Perspektive und welchen Bildausschnitt ihr wählen wollt.
- Arbeitet mit einer Digitalkamera, damit ihr die Fotos am Computer bearbeiten und ausdrucken könnt.
- Ergänzt eure Bilder mit einer passenden Stelle aus dem Buch oder formuliert selbst einen Text, der die jeweilige Szene erklärt.

Deutsch ist eine schwere Sprache

Der amerikanische Schriftsteller Mark Twain hat sich auf seinen Reisen auch in Deutschland aufgehalten. Er macht in seinen Werken einige ironische Anmerkungen und Vorschläge zur Verbesserung und Vereinfachung der deutschen Sprache.

1. Lies den Text von Mark Twain. Überlege dann, welche Besonderheiten des Deutschen für Lernende besonders schwierig sein könnten. Sammelt Vorschläge an der Tafel.

Es gibt ganz gewiss keine andere Sprache, die so unordentlich und systemlos daherkommt und dermaßen jedem Zugriff entschlüpft. Aufs Hilfloseste wird man in ihr hin und her geschwemmt, und wenn man glaubt, man habe endlich eine Regel zu fassen bekommen, die im tosenden Aufruhr der zehn Wortarten festen Boden zum Verschnaufen verspricht, blättert man um und liest: „Der Lernende merke sich die folgenden Ausnahmen." (…)

Aufgrund meiner philologischen Studien bin ich überzeugt, dass ein begabter Mensch Englisch (außer Schreibung und Aussprache) in dreißig Stunden, Französisch in dreißig Tagen und Deutsch in dreißig Jahren lernen kann. Es liegt daher auf der Hand, dass die letztgenannte Sprache zurechtgestutzt und repariert werden sollte. Falls sie so bleibt, wie sie ist, sollte sie sanft und ehrerbietig zu den toten Sprachen gestellt werden, denn nur die Toten haben genügend Zeit, sie zu lernen.

Quelle: *http://www.alvit.de/vf/de/mark-twain-die-schreckliche-deutsche-sprache.php*

2. Was hilft Akbar dabei, Deutsch zu lernen? Notiere.

____

____

____

____

____

3. Sammelt Ideen, wie ihr als Klasse oder als Einzelne Flüchtlingskinder beim Erlernen der deutschen Sprache unterstützen könnt. Schreibe auf.

____

____

____

____

____

____

____

Neu in der Schule

1. Lies die Zitate von Erwachsenen, die Flüchtlingskinder unterrichten. Welche treffen auf Akbar ganz oder zum Teil zu? Begründe deine Entscheidung. Schreibe in dein Heft.

In zwei, drei Jahren von null Deutsch bis zum Schulabschluss, das gibt es häufig.

Gründer einer Schule für Flüchtlinge

Migrantenschüler können problemlos 90 Minuten lang still lernen.

Lehrerin

Sie machen große Fortschritte und sind höchstmotiviert, oft viel motivierter als die deutschen Schüler.

Lehrerin

Zwei Drittel der Flüchtlinge aus Syrien sind nicht ausreichend ausgebildet, um an einer modernen Gesellschaft teilzuhaben.

Bildungsökonom

Sie wollen etwas erreichen, teilweise treibt sie auch existenzielle Not.

Lehrerin

2. Akbar berichtet Reza von seiner Ankunft in Deutschland und seinen Erfahrungen in der Schule. Was sagen die beiden? Entwickle mit deinem Sitznachbarn ein kurzes Telefongespräch.

Hallo Reza,
ich bin jetzt in Deutschland.
Seit einer Woche lerne ich in einer Schule in Lübeck Deutsch.
Sie ist ganz anders als die Koranschule.

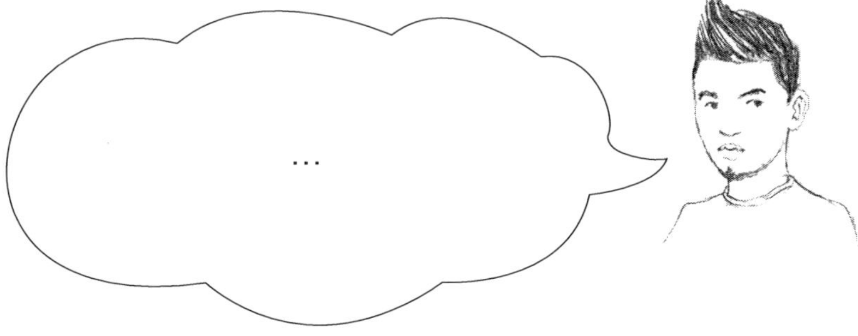

Erfolge und Enttäuschungen

Im 16. Kapitel berichtet Akbar von seinem Leben in Deutschland, vor allem von seiner schulischen Laufbahn, aber auch von Menschen, die ihm begegnen.

1. Lies die folgenden Begebenheiten noch einmal im Buch nach. Sind sie für Akbar enttäuschend oder ein Erfolg? Setze für jede Situation ein Kreuz an der passenden Stelle im Koordinatensystem und verbinde diese am Ende zu einer Kurve.

1. Akbar zieht in eine Wohngemeinschaft in Eutin.
2. Der Fußballtrainer sagt Akbar, dass sein Talent für eine Profikarriere nicht reicht.
3. Im November 2010 erhält er das Recht auf einen einjährigen Aufenthalt.
4. Er besteht die erste Sprachprüfung nicht.
5. Mit 18 Jahren zieht er in eine Ein-Zimmer-Wohnung.
6. Akbar macht bis zum Sommer 2012 verschiedene Praktika.
7. Es fällt ihm schwer, in der Regelschule mitzukommen.
8. Im Januar 2013 erhält Akbar das Halbjahreszeugnis.
9. Akbar fragt Frauke Kässbohrer, ob sie seine Flucht als Buch aufschreibt.
10. Er schließt die 9. Klasse ab.
11. Akbar lernt Kim kennen.
12. Er geht auf die Realschule.
13. Er gibt sein Vorhaben auf, seine Familie im Iran zu besuchen.
14. Akbar darf in die Oberstufe wechseln.
15. Im Januar 2015 ist das Buch fertig.
16. Akbar fährt mit seiner Klasse nach Prag.
17. Die zweite Auflage des Buches wird gedruckt.
18. Im Juni 2015 erhält Akbar seine Zeugnisnoten.

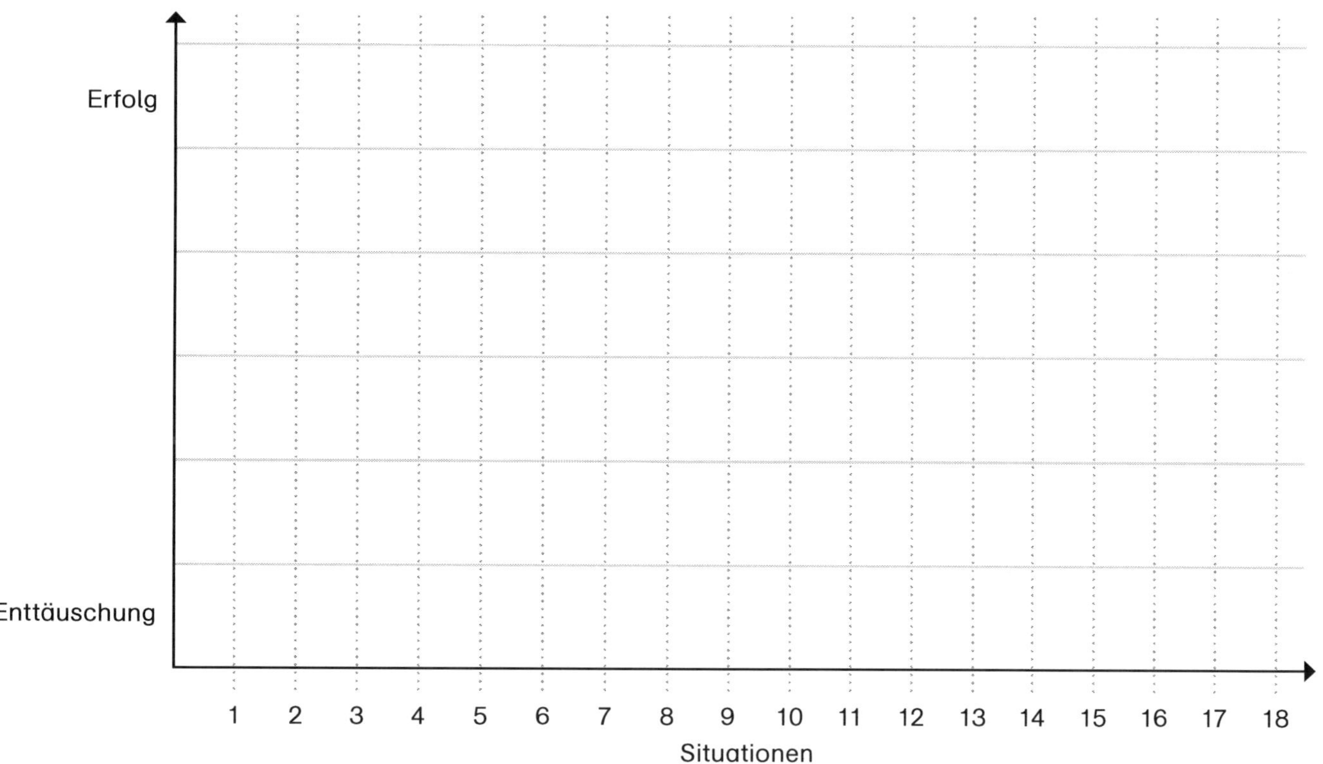

2. Vergleicht eure Kurven und besprecht die Ergebnisse.

Die Stimme der Autorin

1. Frauke Kässbohrer hat aufgeschrieben, was Akbar ihr erzählt hat. Manche Textpassagen können aber auch eindeutig ihr zugeordnet werden. Welche?

a) ______________________

b) ______________________

c) ______________________

2. Beurteile das Vorwort. Kreuze an.

(++ = stimme voll zu, + = stimme zu, o = geht so, ~ = stimme nicht zu, – = stimme überhaupt nicht zu)

Deine Einschätzung des Vorworts	++	+	o	~	–
Das Vorwort hat mich auf die Lektüre eingestimmt.					
Ich habe Informationen über die Entstehungsgeschichte erhalten.					
Die Rollen der Verfasserin und von Akbar sind deutlich geworden.					
Ich habe etwas über den Erfolg des Buches erfahren.					
Das Vorwort hat mich neugierig auf die Geschichte gemacht.					

3. Eine Besonderheit des Buches sind die 14 Kapiteleinleitungen, die Gedanken der Autorin wiedergeben. Unterstreiche jeweils, welche der beiden Aussagen für dich zutreffend ist, und vervollständige die Sätze in deinem Heft.

a) Die Beziehung zwischen Akbar und Frauke Kässbohrer wird deutlich / nicht deutlich, weil …
b) Der Autorin gelingt es / gelingt es nicht, den Leser mit ihren Vorbemerkungen zu fesseln, weil …
c) Das Geschehen wird durch die Einleitungen verständlich / nicht verständlich, weil …
d) Die Handlungen und Beweggründe Akbars sind durch die Vorbemerkungen nachvollziehbar / nicht nachvollziehbar, weil …
e) Die einleitenden Worte waren hilfreich / nicht hilfreich für mich, um die Risiken von Akbars Flucht zu erkennen, weil …

4. Wie wirkt das Nachwort auf dich? Welche Botschaft wird vermittelt?

____

____

____

Frauke Kässbohrer

1. Lies den Text über Frauke Kässbohrer. Unterstreiche die wichtigsten Informationen.

Frauke Kässbohrer, geboren 1941, studierte Schulmusik und Englisch. Als Lehrerin unterrichtete sie in Süd- und Norddeutschland und wurde im Jahr 2000 am Gymnasium in Husum als Oberstudienrätin in den Ruhestand verabschiedet. Seitdem bleibt genug Zeit für ausgedehnte Reisen in die ganze Welt, die sie immer alleine unternimmt. Regelmäßig folgen Lichtbildvorträge, bei denen sie ihre Zuhörer an ihren Abenteuern teilhaben lässt.

Darüber hinaus engagiert sie sich ehrenamtlich, vor allem in der Flüchtlingsarbeit. Oft wurde Frauke Kässbohrer gebeten, ihre Erlebnisse aufzuschreiben. Aber dazu brauchte es erst den Anstoß durch einen ihrer afghanischen Schüler, Akbar Husseini. „Bloß nicht weinen, Akbar!" ist ihr erstes Buch, das unter anderem durch die wachsende Zahl der Flüchtlinge in Deutschland prompt auf großes Interesse stieß. Auf der Grundlage von Akbars Berichten hat sie die Ereignisse einer dramatischen Flucht erzählt. Zudem ist ihr Buch eine „Erfolgsgeschichte" über einen Flüchtling, der es geschafft hat, in Deutschland Fuß zu fassen und sich in einer fremden Kultur zu integrieren.

Frauke Kässbohrer lebt in der Nähe ihrer beiden Kinder und ihrer zwei Enkelinnen in Lübeck.

2. Was erfährst du im Buch über die ehrenamtliche Arbeit der Autorin?

3. Wie gelingt es ihr, Akbars Vertrauen zu gewinnen?

4. Wie könntest du selbst Flüchtlinge unterstützen?

Deine Meinung ist gefragt

Wie hat dir das Buch gefallen? Kreuze die Aussagen nach deiner persönlichen Beurteilung an und vervollständige die Satzanfänge. Verfasse im Anschluss eine Buchkritik.

(++ = stimme voll zu, + = stimme zu, o = geht so, ~ = stimme nicht zu, – = stimme überhaupt nicht zu)

Meine Bewertung		++	+	o	~	–
Inhalt						
1	Die Geschichte behandelt ein wichtiges Thema.					
2	Der Bericht enthält authentische Beschreibungen von Flüchtlingen und ihren Sorgen.					
3	Das Buch bietet Gesprächsstoff für mich und meine Freunde.					
4	Am besten gefallen hat mir …					
Schreibstil						
5	Die Beschreibung der Personen ist überzeugend.					
6	Die Sprache ist für Jugendliche angemessen gewählt.					
7	Der Erzählstil ist lebendig, anschaulich und sehr eindringlich.					
8	Das Vorwort und die Kapiteleinleitungen von Frauke Kässbohrer verstärken die Spannung.					
9	Am wirkungsvollsten formuliert war …					
Wirkung						
10	Die Lektüre klärt auf, ist interessant und unterhaltsam.					
11	Ich habe einiges über Beweggründe zur Flucht und über die Flüchtlingsproblematik gelernt.					
12	Das Buch hat mein Interesse geweckt, mehr über Flüchtlingshilfe zu erfahren.					
13	Die Lektüre vermittelt wichtige Lebenserfahrungen und erweitert den Horizont.					
14	Ich habe mir vorgenommen …					

Flucht als Thema unserer Zeit

Die aktuellen Migrationsbewegungen prägen die Berichterstattung der Medien und zum Teil auch unseren Alltag. Mithilfe der Kopiervorlagen in diesem Abschnitt vermitteln Sie Ihren Schülern nicht nur wichtige Begrifflichkeiten und Hintergrundinformationen zum Themenbereich „Flucht und Vertreibung“, sondern regen sie auch zur kritischen Auseinandersetzung mit der medialen und literarischen Darstellung von Flüchtlingsschicksalen an. Darüber hinaus finden Sie hier eine Sammlung hilfreicher Internetadressen und Anregungen, wie Sie sich mit Ihrer Klasse vor Ort für Flüchtlinge engagieren können.

Internetadressen

Sich informieren

- „ZDFtivi – logo!“ zur Gewalt in Syrien: *www.zdf.de/kinder/logo/gewalt-in-syrien-100.html*
- „Frieden fragen“ zum Krieg in Syrien: *www.frieden-fragen.de/entdecken/aktuelle-kriege/syrien.html*
- FAQ-Guide von „youngcaritas“ zu Flucht und Asyl in Deutschland: *www.youngcaritas.de/flucht-und-migration/flucht-und-asyl-faq-guide*
- Arbeitsblätter zum Flüchtlingsthema von „ZEIT ONLINE“ unter: *www.zeitfuerdieschule.de*
- Informationen und Unterrichtsmaterial von der Landeszentrale für politische Bildung Baden-Württemberg: *www.lpb-bw.de/fluechtlingsproblematik.html*

Flüchtlinge erzählen

- Interview mit syrischen Kindern in der „KinderZEIT“: *blog.zeit.de/kinderzeit/2013/04/18/syrische-fluchtlinge-unser-neues-leben_13860*
- Flüchtlinge erzählen ihre Geschichte auf der Seite der UNO-Flüchtlingshilfe: *www.uno-fluechtlingshilfe.de/fluechtlinge/fluechtlinge-erzaehlen.html*
- Flüchtlingskinder berichten von ihrem Leben in Deutschland: *www.frieden-fragen.de/frieden-machen/kinder-aus-aller-welt/fluechtlingskinder-in-deutschland.html*

Helfen

- Caritas-Freiwilligenzentren: *www.caritas.de/spendeundengagement/engagieren/ehrenamt/freiwilligenzentren/*
- Caritas in Niedersachsen (auch für andere Bundesländer geeignet): *www.caritas-os.de/fluechtlingen-helfen*
- „youngcaritas“ in der Nähe: *www.youngcaritas.de/lokalisiert*
- Aktionsheft „Flüchtlinge willkommen!“ (Link zum Download): *www.youngcaritas.de/material/aktionshefte/aktionsheft-flucht/aktionsheft-flucht*
- Jugendmigrationsdienst (JMD): *www.jmd-portal.de/*
- Ehrenamtliche in Pfarrgemeinden: *www.ckd-netzwerk.de/vorOrt*

Unterrichtsschwerpunkte

- minderjährige Flüchtlinge
- Asylverfahren
- mediale Berichterstattung zum Thema
- Engagement für Flüchtlinge

Zu den Kopiervorlagen

Kinder auf der Flucht

Das Arbeitsblatt fordert die Schüler dazu auf, sich eigenständig Wissen über minderjährige Flüchtlinge anzueignen. Fragen und Satzanfänge dienen als Hilfestellung für eine Internetrecherche zu deren Situation. Die Jugendlichen lernen dadurch auch wichtige Webadressen zum Thema kennen.

Lösung

Was bedeutet „unbegleiteter minderjähriger Flüchtling“?
Unbegleitete minderjährige Flüchtlinge sind Kinder, die ohne eine erwachsene Begleitperson aus ihrer Heimat fliehen. Meistens sind sie zwischen 15 und 17 Jahre alt.

Warum lassen Eltern ihre Kinder alleine flüchten?
In den Krisengebieten der Welt sind Kinder und Jugendliche großen Gefahren ausgesetzt, die Erwachsene nicht direkt betreffen. Dazu zählen die Zwangsrekrutierung von Kindersoldaten oder die Angst der Mädchen vor einer Zwangsehe oder Beschneidung.

Welchen Gefahren sind Kinder auf der Flucht ausgesetzt?
Kinder müssen auf der Flucht nicht nur Kälte und Hunger ertragen, sondern laufen auch Gefahr, an Menschenhändler zu geraten oder zurückgeschickt zu werden.

Was ist die UN-Kinderrechtskonvention?
Die UN-Kinderrechtskonvention ist ein internationales Abkommen über die Rechte des Kindes und wurde 1989 von den Vereinten Nationen verabschiedet. In Deutschland trat sie 1992 in Kraft. Die Konvention besagt, dass das Kindeswohl bei allen staatlichen Handlungen im Vordergrund stehen muss.

Welche Probleme gibt es in Deutschland bei der Umsetzung der Rechte von Flüchtlingskindern?

Oft gibt es keine klaren Anweisungen an die Behörden und nur wenige Mitarbeiter sind für den Umgang mit Flüchtlingskindern ausgebildet. Die Jugendlichen zwischen 15 und 17 Jahren werden häufig als volljährig eingestuft und unterliegen damit nicht mehr dem Abschiebeschutz. Es gibt auch kein absolutes Inhaftierungsverbot, sodass manche sogar in Abschiebegefängnissen landen.

Zuflucht in der Fremde?

KV Seite 53

Nicht alle Flüchtlinge, die nach Deutschland kommen, erhalten die Erlaubnis zu bleiben. Die Kopiervorlage vermittelt grundlegendes Wissen über das deutsche Asylrecht. Die Schüler werden dazu aufgefordert, sich in die ungewisse Lage eines Flüchtlings zu versetzen, indem sie die Schritte eines Asylverfahrens nachvollziehen.

Lösung

Aufgabe 1:

Das Wort „Asyl" stammt aus dem Griechischen und bedeutet so viel wie „sicher". Heute meint man damit zumeist Schutz vor Gefahr und Verfolgung. Das Asylrecht ist in Deutschland im Grundgesetz festgehalten. Laut Artikel 16 sind politisch Verfolgte asylberechtigt. Wer dieses Recht in Anspruch nehmen will, muss ein Asylverfahren durchlaufen.

Aufgabe 2:

1. Ankunft
2. Antragstellung
3. Anhörung und Entscheidung
4. Anerkennung
5. Ablehnung

Die Kraft der Worte

KV Seite 54

Diese Kopiervorlage befasst sich mit der Metapher als Stilmittel. Sie bietet sich zur Vertiefung an, wenn sprachliche Mittel bereits besprochen wurden. Die Schüler erfahren, dass Metaphern nicht nur in der Literatur, sondern auch im Alltag, in den Medien und der Politik zum Einsatz kommen. Dabei wird ihnen die problematische Seite von sprachlichen Bildern bewusst: Zwar können sie Sachverhalte verständlicher machen, sie beinhalten jedoch auch das Potenzial zur Manipulation. Die öffentliche Diskussion rund um das Flüchtlingsthema macht deutlich, dass bildhafte Ausdrücke auch in die Irre führen, den Sinn verkürzen oder einen Sachverhalt verzerren können. Besprechen Sie, dass alternativ neutralere Begriffe wie z. B. „Flüchtlingsbewegung" oder „Migrationsbewegung" verwendet werden können.

Lösung

Aufgabe 1:

„Köln versinkt in der Flüchtlingsflut!" *Bild-Zeitung*

„Alle die hoffen, dass morgen oder übermorgen die Flüchtlingsströme abreißen (…)." *Gerd Müller (CSU), Entwicklungsminister*

„Manche von ihnen sagen, die Flüchtlingswelle sei zu groß, um sie zu stoppen. Das ist gefährlich (…). Diese Flüchtlingswelle ist zu groß, um sie nicht zu stoppen." *Donald Tusk, Präsident des Europäischen Rates*

„Wenn Sie einen trockenen Schwamm nehmen und Wasser darauf gießen, wird er eine Menge aufnehmen. Aber irgendwann läuft es unten wieder raus. (…)" *Peter Maffay, Sänger*

„Ob wir schon in dem Stadium sind, wo die Lawine im Tal unten angekommen ist, oder ob wir in dem Stadium im oberen Ende des Hanges sind, weiß ich nicht." *Wolfgang Schäuble (CDU), Finanzminister*

Aufgabe 2:

Wasser, Wellen, Naturkatastrophen

Aufgabe 3:

Die Flüchtlingsbewegung erscheint durch die Metaphorik von Wasser und Naturkatastrophen als unkontrollierbar und gefährlich. Die sprachlichen Bilder erzeugen ein Gefühl des Ausgeliefertseins und der Angst.

Ein Thema – zwei Erzählweisen

KV Seite 55

Auf dieser Kopiervorlage wird der Buchpassage über die Bootsfahrt (S. 46) ein Medienbericht zu Schiffsunglücken auf dem Mittelmeer gegenübergestellt. Die Schüler vergegenwärtigen sich sprachliche sowie inhaltliche Unterschiede zwischen literarischer Erzählweise und journalistischer Berichterstattung. Führen Sie abschließend eine Diskussion, welche Form sich besser für die Darstellung von Flüchtlingsschicksalen eignet. Es geht vor allem darum, die jeweiligen Vorzüge hervorzuheben. Literarische Texte zeigen die Innenperspektive von Flüchtlingen und machen Einzelschicksale nachvollziehbar, indem sie Identifikationsmöglichkeiten bieten und Mitgefühl erzeugen. Allerdings präsentieren sie nur einen individuellen Ausschnitt der Gesamtsituation. Medienberichte hingegen geben unter Umständen einen besseren Überblick, nennen Zahlen und Fakten und sind neutraler. Sie greifen häufig auf konventionalisierte Ausdrücke und Bilder zurück, was eine größere Distanz zwischen Leser und Flüchtlingsschicksal zur Folge hat.

Lösung

Aufgabe 1:

Text 1: literarischer Text, Präteritum, Ich-Erzähler, wörtliche Rede, Schilderung von Gedanken und Gefühlen, lebendig, Innenperspektive, ausdrucksstarke Verben und Adjektive

Text 2: Medienbericht, Präsens, Wiedergabe von Zahlen und Fakten, Neutralität, nüchtern, Außenperspektive

Aufgabe 2:

Der erste Text ist ein Auszug aus dem Buch „Bloß nicht weinen, Akbar!". Es handelt sich um einen literarischen Text, der Gedanken und Gefühle aus der Ich-Perspektive Akbars schildert. Dazu bedient er sich auch sprachlicher Mittel wie der wörtlichen Rede. Ausdrucksstarke Verben und Adjektive (spritzen, krampfhaft, klammern, knirschen etc.) machen ihn lebendig. Der zweite Text ist ein Auszug aus einer Zeitungsmeldung, die im Präsens Zahlen und Fakten über Flüchtlinge wiedergibt. Der Medienbericht ist neutral und nüchtern gehalten. Er zeigt eine Außenperspektive auf das Geschehen.

KV Seite 56

Ein Projekt für Flüchtlinge

Die hohe Zahl der Flüchtlinge stellt die Gesellschaft vor Herausforderungen. Die Menschen sollen möglichst schnell integriert werden, damit sie eine Zukunftsperspektive haben. Die Kopiervorlage dient als Information, wie Engagement für Flüchtlinge aussehen kann, und regt Ihre Schüler dazu an, eigene Ideen für Hilfsprojekte zu entwickeln. Dabei wird ihnen bewusst, dass jeder in der Lage ist zu helfen.

Lösung

Aufgabe 1:

www.zlev.de: Unsere Website eröffnet die Möglichkeit, dass sich Neuankömmlinge …

www.orient-netzwerk.de: Wir sind ein gemeinnütziger Verein …

www.willkommen-in-muenchen.de: Besonders die Weiterbildung und Unterstützung von Ehrenamtlichen …

www.kiron.ngo: Kiron is open higher education for …

Aufgaben 2 und 3:

individuelle Lösungen

Kinder auf der Flucht

Akbar ist zum Zeitpunkt seiner Flucht nach Europa jünger als 18 Jahre – so wie 51 Prozent der knapp 60 Millionen Flüchtlinge weltweit.

Ergänze die Antworten mithilfe des Internets (z. B. *www.uno-fluechtlingshilfe.de*).

Was bedeutet „unbegleiteter minderjähriger Flüchtling"?
Unbegleitete minderjährige Flüchtlinge sind Kinder, die ...

____

____

____

____

Was ist die UN-Kinderrechtskonvention?
Die UN-Kinderrechtskonvention ist ein internationales Abkommen über die Rechte des Kindes und wurde 1989 von den Vereinten Nationen verabschiedet. In Deutschland trat sie 1992 in Kraft. Die Konvention besagt, dass ...

____

____

____

____

Warum lassen Eltern ihre Kinder alleine flüchten?
In den Krisengebieten der Welt sind Kinder und Jugendliche großen Gefahren ausgesetzt, die Erwachsene nicht direkt betreffen. Dazu zählen ...

____

____

____

____

Welche Probleme gibt es in Deutschland bei der Umsetzung der Rechte von Flüchtlingskindern?
Oft gibt es keine klaren Anweisungen an die Behörden und nur wenige Mitarbeiter sind für den Umgang mit Flüchtlingskindern ausgebildet. Die Jugendlichen zwischen 15 und 17 Jahren werden häufig als volljährig eingestuft und ...

____

____

____

____

Welchen Gefahren sind Kinder auf der Flucht ausgesetzt?
Kinder müssen auf der Flucht nicht nur Kälte und Hunger ertragen, sondern ...

____

____

____

____

Zuflucht in der Fremde?

1. Recherchiere den Begriff „Asyl" und schreibe eine Definition, in der die folgenden Wörter vorkommen.

asylberechtigt | Grundgesetz | Verfolgung | Schutz | sicher | Asylverfahren

____

____

____

2. Wer sein Recht auf Asyl in Anspruch nehmen will, muss ein Verfahren durchlaufen. Ordne die Überschriften den Textabschnitten zum Ablauf des Asylverfahrens in Deutschland zu.

Anhörung und Entscheidung | Ankunft | Anerkennung | Antragstellung | Ablehnung

1. ______________________

Meldet sich ein Flüchtling bei der Grenzbehörde oder bei einer Behörde im Inland, übergibt diese ihn an die nächstgelegene Erstaufnahmeeinrichtung, wo er registriert und untergebracht wird. Dort wohnen Flüchtlinge in der Regel maximal drei Monate, bis sie einer bestimmten Stadt oder einem Landkreis zugewiesen werden.

2. ______________________

In unmittelbarer Nähe einer Erstaufnahmeeinrichtung befindet sich jeweils eine Außenstelle des Bundesamtes für Migration und Flüchtlinge (BAMF), wo der Asylantrag gestellt werden kann.

3. ______________________

Der Antragsteller schildert einem Sachbearbeiter des BAMF seine Fluchtgründe und legt vorhandene Urkunden und andere Belege vor. Der Bearbeiter entscheidet über den Asylantrag.

4. ______________________

Wird der Antragsteller als Asylberechtigter anerkannt, erhält er eine auf höchstens drei Jahre befristete Aufenthaltserlaubnis. Nach Ablauf der Zeit kann eine unbefristete Niederlassungserlaubnis erteilt werden.

5. ______________________

Wird der Antrag als unbegründet abgelehnt, stellt der Sachbearbeiter einen Ablehnungsbescheid aus und erlässt eine Ausreiseaufforderung mit Abschiebungsandrohung.

Die Kraft der Worte

Bildliche Ausdrücke und Metaphern finden sich nicht nur in Romanen. Sie prägen oft auch die Sprache von Politikern und unsere Alltagssprache. Dies trifft in besonderem Maße auf die öffentliche Diskussion rund um die „Flüchtlingskrise" zu.

1. Lies die Zitate und Schlagzeilen. Markiere alle Metaphern und bildlichen Ausdrücke.

Köln versinkt in der Flüchtlingsflut!

Bild-Zeitung

Alle die hoffen, dass morgen oder übermorgen die Flüchtlingsströme abreißen, denen muss ich sagen, es werden gewaltige Entwicklungen auf uns zukommen, wenn wir nicht in einer neuen Dimension der Entwicklungszusammenarbeit und der Investitionen in diesen Ländern reagieren.

Gerd Müller (CSU), Entwicklungsminister

Manche von ihnen sagen, die Flüchtlingswelle sei zu groß, um sie zu stoppen. Das ist gefährlich (…). Diese Flüchtlingswelle ist zu groß, um sie nicht zu stoppen.

Donald Tusk, Präsident des Europäischen Rates

Wenn Sie einen trockenen Schwamm nehmen und Wasser darauf gießen, wird er eine Menge aufnehmen. Aber irgendwann läuft es unten wieder raus. Das Gefährlichste, was uns passieren kann, ist, dass wir nicht mehr helfen können. Weil wir dazu nicht mehr in der Lage sind.

Peter Maffay, Sänger

Ob wir schon in dem Stadium sind, wo die Lawine im Tal unten angekommen ist, oder ob wir in dem Stadium im oberen Ende des Hanges sind, weiß ich nicht.

Wolfgang Schäuble (CDU), Finanzminister

2. Was fällt dir auf? Aus welchem Bereich stammen die meisten Metaphern?

____

3. Wie wirken diese Metaphern auf den Zuhörer oder Leser?

____

____

____

Ein Thema – zwei Erzählweisen

1. Lies die beiden Texte. Ordne dann die Merkmale richtig zu.

Das Boot lag sehr flach im Wasser. Ab und zu spritzte eine Welle herein. An der Innenseite war ein Seil befestigt, an das sich jeder krampfhaft klammerte. Ich wagte nicht, tief durchzuatmen, um mich so leicht wie möglich zu machen, was natürlich Unsinn war. Ich presste meine Zähne so fest aufeinander, dass sie knirschten, und dachte: „Was für ein Wahnsinn, sich diesem Boot anzuvertrauen! – Wir sind alle viel zu schwer. – Das hält es nie im Leben aus! – Die Küste kommt ja überhaupt nicht näher. – Der Motor ist viel zu laut. – Bestimmt kommt gleich die Polizei. – Oder wir gehen vorher unter!" Das waren die längsten vierzig Minuten meines Lebens!

•

Bislang haben in diesem Jahr nach UN-Angaben mehr als 2400 Menschen bei der gefährlichen Überfahrt über das Mittelmeer ihr Leben verloren. Viele Flüchtlinge – vor allem aus Syrien und dem Irak – versuchen über die weitaus kürzere Route von der Türkei auf die griechischen Inseln ihr Glück. Auch dort wurden seit Dienstagmorgen knapp 600 Flüchtlinge bei Einsätzen vor Lesbos, Chios, Samos und Kos geborgen, wie die griechische Küstenwache am Mittwoch mitteilte. Nicht erfasst wurden jene Flüchtlinge, die es von der Türkei aus alleine auf die Inseln geschafft hatten, die meisten in Schlauchbooten.

Quelle: *www.welt.de*

•

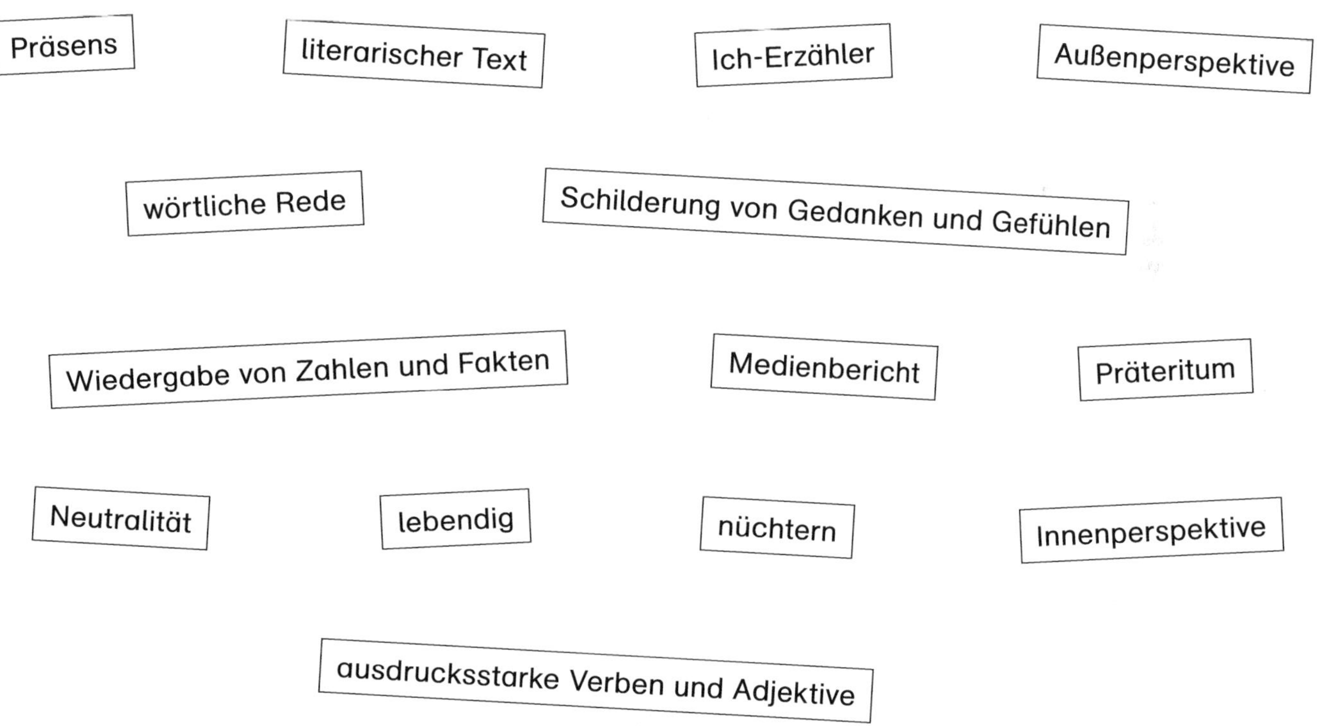

2. Verfasse auf der Grundlage der zugeordneten Merkmale einen Vergleich der beiden Texte. Schreibe in dein Heft.

3. Literarischer Text oder Medienbericht – welche Textsorte eignet sich besser für die Thematisierung von Flüchtlingsschicksalen? Diskutiert.

Ein Projekt für Flüchtlinge

1. Ordne die Internetadressen den Beschreibungen zu.

www.zlev.de •	• Besonders die Weiterbildung und Unterstützung von Ehrenamtlichen in der Flüchtlings- und Integrationsarbeit ist uns wichtig. Daher bieten wir in Kooperation mit Netzwerkpartnern Schulungen, Seminare und Vorträge an.
www.orient-netzwerk.de •	• Unsere Website eröffnet die Möglichkeit, dass sich Neuankömmlinge und die einheimische Bevölkerung kennenlernen und direkt vernetzen können. Wir wollen einen unbürokratischen Weg in ein soziales Leben schaffen und erste Berührungsängste abbauen. Dafür reicht beispielsweise eine Einladung zum gemeinsamen Essen. Essen ist lebensnotwendig und kultureller Faktor zugleich.
www.willkommen-in-muenchen.de •	• Kiron is open higher education for refugees. We provide refugees with world-class education and the opportunity to graduate at a university free of charge.
www.kiron.ngo •	• Wir sind ein gemeinnütziger Verein, der sich dem interkulturellen und interreligiösen Dialog widmet.

2. Recherchiere im Internet, ob es in deiner Region ähnliche Projekte gibt.

3. Wie könnt ihr selbst Flüchtlingen helfen? Sprecht darüber, was jeder von euch gut kann, und plant ein Klassenprojekt.

Was wollen wir anbieten?

____

____

____

____

Wann und wo kann unsere Aktion stattfinden?

____